北京市教育科学“十四五”规划优先关注课题
“激发中小学办学活力研究”(CCEA21010)

创中学

项目式学习设计与实施可视化指导手册

王艳红　乔静　祁红　李建敏　张蕊◎著

中国经济出版社
CHINA ECONOMIC PUBLISHING HOUSE
·北京·

图书在版编目（CIP）数据
创中学：项目式学习设计与实施可视化指导手册 / 王艳红等著. -- 北京 ：中国经济出版社，2025. 4.
-- ISBN 978-7-5136-8146-9
Ⅰ. G622.0-62
中国国家版本馆 CIP 数据核字第 2025NV5662 号

策划编辑　姜　静
责任编辑　井　铭　汪银芳
责任印制　李　伟
封面设计　任燕飞工作室

出版发行　中国经济出版社
印 刷 者　河北宝昌佳彩印刷有限公司
经 销 者　各地新华书店
开　　本　710mm × 1000mm　1/16
印　　张　11.5
字　　数　175 千字
版　　次　2025 年 4 月第 1 版
印　　次　2025 年 4 月第 1 次
定　　价　78.00 元
广告经营许可证　京西工商广字第 8179 号

中国经济出版社　**网址** http://epc.sinopec.com/epc/　**社址** 北京市东城区安定门外大街 58 号　**邮编** 100011
本版图书如存在印装质量问题，请与本社销售中心联系调换（联系电话：010-57512564）

参与编写人员

（按姓氏笔画排序）

卜　煜	于　洁	于　艳	于艳艳	于　啸	马志文	马　超
王　丹	王　旭（英语）		王　红	王　进	王志新	王　芳
王　希	王　妍（科学）		王　妍（信息）		王学娟	王素仙
王　健	王　琳（心理）		王　琳（音乐）		王朝贵	王雅杰
王　尊	王　颖	王　歆	王　巍	牛京京	尹佳乐	尹佳琪
孔晓燕	艾春颖	卢欣然	田晓倩	田　曼	田雯旭	代淑娥
白海生	冯　慧	吕　娟	朱一凡	朱梦琪	任伟才	任彩熙
刘业杰	刘　田	刘育梅	刘新宇	刘静怡	刘　霞	闫　波
闫秋轲	安理泽	纪　丽	孙　宇	孙素雅	苏　爽	苏彩红
杨文芳	杨　柳	杨　颖	杨慧芳	李子豪	李书华	李冬梅
李　岚	李春艳	李桂玲	李　倩	李　雪	吴　昊	何彩琴
何　鑫	狄明伟	汪　敏	宋海云	宋　颖	张　丰	张松梅
张晓卫	张　晖	张　珺	张　琦	张徵羽	张　翼	陈力强
陈彤玲	陈建丽	武玉明	金　祎	周国红	周洋波	郑　雪
房园园	赵雨萌	赵　鑫	段莲英	骆怡龄	袁　媛	耿慧珊
聂星雪	贾东阳	柴松针	高燕华	高　蕾	唐　喆	姬晨阳
黄　达	黄海英	龚月红	崔雨婷	董绍雯	蒋晓敏	韩天星
谢建强	蔡环宇	蔡紫坡	樊　飞	樊雯雯		

序

着力培养创新人才是时代赋予教育的使命，也是我国基础教育改革的战略方向。中小学校开展项目式学习，能够帮助学生在真实情境中综合应用知识，激发创造力，发展创新思维，提高问题解决能力，培养团队协作精神，为创新人才培养奠基。项目式学习在我国是一种较为新颖并且仍处于不断发展中的教育实践探索，要结合我国中小学校的实际扎实有效地开展项目式学习，就需要不断凝聚共识、丰富资源供给、开发实用工具、做好师资培训等。在此背景下，《创中学：项目式学习设计与实施可视化指导手册》的出版应时之需、济师之急，它不仅是对北京市丰台区第一小学教育集团（以下简称丰台一小）“创中学”项目式学习实践的系统总结，也为推广项目式学习进而为创新人才培养提供了可复制、可推广的行动指南。

近年来，基础教育领域对创新人才培养的关注逐步深化，但实践中仍存在重“拔尖选拔”轻“素养奠基”、重“功利目标”轻“内生动力”等问题。对此，我们必须清醒地认识到：创新人才的培养绝非少数“尖子生”的特权，而应立足全体学生的创新素养提升，通过课程、教学、评价的协同变革，构建开放包容的育人生态。本书的核心理念——以项目式学习为载体，推动学科融合、实践生成、协作反思——正与这一方向高度契合。书中提炼的“工具＋案例”模式，不仅为教师提供了从理论到课堂的“脚手架”，更通过真实场景下的教学设计，引导学生从被动接受转向主动探索，从知识积累迈向素养内化，这正是创新人才基础培养的生动实践。

从“当为”和“可为”相统一的立场出发，我认为中小学校应聚焦“四大改造”来推进创新人才基础培养：改造学校支持性环境、改造课程实施方案、改造学习任务及改造学习评价体系。本书的编写逻辑体现了学校在培养创新人才方面的自觉，也与推进“四大改造”的立场相呼应。书中“分层研修路径”与“切块拼接法”为教师专业成长提供了系统性支持，助力学校环境向开放包容转型；“导引—探究—展示—反思”课型设计与六大类项目案例，正是课程整合与学习任务改造的具象化呈现；而多维评价工具与学生反思卡的开发，则直接指向创新素养的评价方式变革。这些内容充分体现了项目式学习在推动五育融合、落实因材施教、激发创新潜能中的独特价值。

教育改革的关键在于将理念转化为行动，将行动积淀为实践智慧。丰台一小团队将数年深耕凝练成册，其意义不仅在于提供方法，更在于传递一种信念——创新人才培养无须依赖特殊政策与资源堆砌，而是可以通过校本化、常态化的教学创新实现突破。本书的案例真实鲜活，工具简明实用，既为新手教师指明路径，也为成熟教师提供优化空间，更为学校管理者勾画生态建设的蓝图。

期待本书能成为广大教育同仁的案头工具，助力更多学校在创新人才培养的道路上走出窠臼、回归本质。让我们携手，以项目式学习为支点，撬动基础教育高质量发展的深层变革，为培养心怀家国、敢于质疑、善于协作的未来创新者奠基！

方中雄

2025 年 3 月

前 言

在教育强国建设过程中，项目式学习因其对学生核心素养特别是创新能力的培养价值，逐渐成为中小学进行教育教学改革的探索热点。然而，在近几年的实践中，也隐藏着很多深层次的难点问题。比如，项目式学习是学校个别教师的尝试还是多数教师要掌握的教学方式？教师如何引导学生在项目式学习中积极主动地学起来、做起来、创起来？什么才是高质量的项目式学习？丰台一小作为北京市基础教育改革的积极探索者，秉持“本新教育”理念，在集团内全面推进项目式学习落地的过程中，交互进行学习、实践、反思、提炼，不仅实现了学生主体性发展以及教学模式的创新性突破，同时也针对关键问题、关键环节总结生成引导模型、操作工具、实践策略，为教师提供从理念到行动、从尝试到优质的专业解决方案。在此基础上，我们编写出版这本《创中学：项目式学习设计与实施可视化指导手册》，它不仅是对丰台一小实践成果的凝练，更希望成为推动区域乃至全国项目式学习实践的资源纽带，助力教育工作者在“做中学、用中创”的路径上走深走实。

全书共分为五章，遵循“整体设计—能力先行—细化实施”的逻辑脉络展开。第一章立足项目式学习的核心理念与实施框架，对项目式学习的内涵、价值、体系、流程进行整体规划与设计。第二章聚焦教师研修方式，系统呈现分层研修模型与工具赋能策略，助力教师专业成长。第三章为核心章节，按“导引—探究—展示—反思”四类课型拆解教学设计，提供工具模板与案例解析，覆盖项目式学习全流程。第四章基于六大项目类型，精选典型案例并关联设计模板，强化实践参考价值。第五章从过程视角提炼实施策略，将项目式学习质量提升到更高水平。

本书的主要特色与亮点如下。

第一，突出工具性，即学即用。

全书以“操作步骤 + 工具模板 + 案例链接”为骨架，摒弃冗长的理论阐述，代之以可视化图表（如流程图、设计表、观察表）和可直接套用的模板，帮助教师快速定位所需内容，实现“拿来即用”。

第二，分层适配，精准满足需求。

针对新手教师、成熟教师和管理者的不同需求，本书内容按“课程类型—项目类型—通用工具”逻辑分层编排。新手教师可按“导引—探究—展示—反思”课型步骤推进；成熟教师可参考各类型案例优化教学设计；管理者则能从模型工具中提取校本化策略。

第三，创新性研修模型。

书中首次公开“点—线—面—体”分层研修路径与“切块拼接法”组织方式，结合 SOLO（Structure of Observed Learning Outcomes）分类理论，即“可观察的学习成果结构”评价法，为教师专业成长提供系统性支持，推动项目式学习从个体实践转向校本化生态构建。

本书由丰台一小项目式学习核心团队与中国经济出版社通力合

作完成。祁红校长、王艳红书记、乔静副校长对全书进行统筹。第一章、第二章由王艳红书记执笔，第三章由李建敏副校长执笔，第四章由张蕊副校长执笔，第五章由乔静副校长执笔。北京教育科学研究院蔡歆老师、首都师范大学张娜老师对实践探索和成果提炼进行了专业指导。中国经济出版社姜静、井铭老师，以专业视角优化内容结构、严格把控出版流程，为本书的顺利面世提供了坚实保障。

最后，感谢丰台一小全体师生在项目式学习实践中的积极探索与智慧贡献，感谢各级领导、各方教育专家提供的宝贵建议。希望本书能成为一盏灯，照亮更多教育同行者开展项目式学习的道路，共同为培养面向未来的创新型人才贡献力量。

王艳红　乔　静　祁　红

李建敏　张　蕊

2025 年 4 月

目录

第一章

项目式学习理念与实施框架

在 21 世纪全球化浪潮的席卷之下，创新已然成为驱动社会前行与经济腾飞的关键引擎。当下，我国正全力向教育强国的目标迈进，而项目式学习凭借其在培养学生核心素养，尤其是创新能力方面的独特价值，逐渐成为中小学教育教学改革的前沿探索热点。随着课程改革的持续深化，中小学正积极创新教育模式，投身于项目式学习的全面实践，为学生打造一个更具挑战性与创造性的学习环境，助力他们在探索与实践中茁壮成长，成为能够适应未来社会发展需求的创新型人才。

一、项目式学习综述

（一）项目式学习的核心概念

从真实世界的问题出发，通过成立学习小组，让学生借助信息技术以及多种资源开展探究活动，在一定的时间内解决一系列相互关联的问题，并将研究结果以一定的形式发布，这种学习方式被称为项目式学习（Project-Based Learning，PBL）。

如图 1-1 所示，教师在开展项目式学习之前，通过与学生讨论，形成项目式学习架构图。该图详细描述了项目式学习过程中的各个关键组成部分及其相互关系，为项目式学习提供了一个清晰的结构和流程，帮助教师和学生明确项目的目标、任务及评价标准，从而使教师更有效地组织和实施项目式学习。

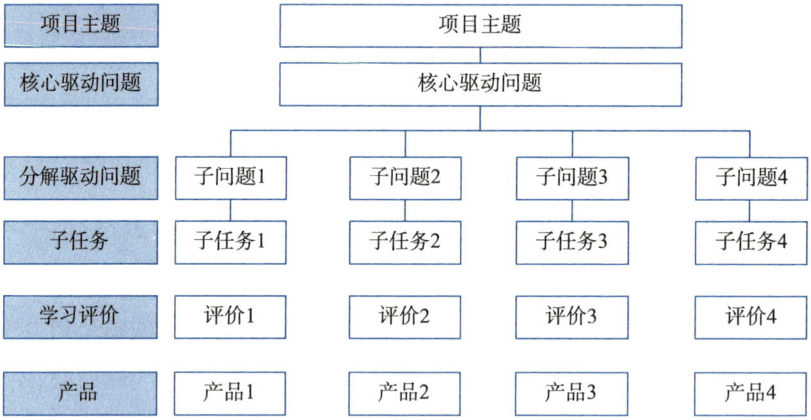

图 1-1　项目式学习架构

（二）项目式学习架构层级之间的意义和作用

核心驱动问题源于真实世界，是围绕项目主题设计的、能够激发学生探究兴趣并推动项目持续进行的关键性问题。它是项目式学习的核心，贯穿整个项目过程，为学生的学习活动提供方向和动力。

在学习过程中，将核心驱动问题拆解为相互关联的子问题，并将复杂问题分解为更小、更具体的任务，使学生层层推进完成子任务，最终解决核心驱动问题，从而帮助学生更好地理解问题、构建知识体系和培养跨学科思维。

评价是贯穿整个学习过程的重要环节，可以通过表现性评价、评价量规、互评与自评、反馈与反思等评价方式促进学生的学习与发展，同时为教师提供教学改进的依据。

产品是学生在解决核心驱动问题过程中产出的最终成果。通过产出有意义的产品，学生能够将所学知识与真实世界的问题相结合，提升学习的深度和广度。

项目式学习架构图将项目式学习的各个环节有机串联，确保学习过程的连贯性和系统性。学生依据项目式学习架构图完成项目，逐步构建知识体系、提升综合素养。

二、项目式学习的意义和价值

（一）全球竞争中的创新人才培养引擎

在 21 世纪全球化浪潮下，创新已成为推动社会进步和经济发展的核心动力。面对复杂多变的挑战，传统教学模式已难以满足未来社会对创新人才的需求。项目式学习作为一种注重实践、探究与合作的新型教育模式，能够为学生提供更具挑战性和创造性的学习环境，培养他们的创新思维和实践能力。近年来，国家高度重视教育改革，明确提出深化教育教学改革，推动课程综合化，以提升学生的核心素养。开展项目式学习不仅是教育改革的必然选择，更是助力国家在全球化竞争中抢占先机的关键举措。

（二）政策引领下的教育改革与人才培养新路径

党的二十大将教育、科技、人才进行“三位一体”系统部署，强调全面提高人才自主培养质量，造就拔尖创新人才。近年来，教育部出台多项政策文件，推动教育教学改革。《中共中央　国务院关于深化教育教学改革全面提高义务教育质量的意见》提出：“探索基于学科的课程综合化教学，开展研究型、项目化、合作式学习。”[①]《义务教育课程方案（2022年版）》进一步强调：“强化学科实践。注重‘做中学’，引导学生参与学科探究活动，经历发现问题、解决问题、建构知识、运用知识的过程，体会学科思想方法。加强知识学习与学生经验、现实生活、社会实践之间的联系，注重真实情境的创设，增强学生认识真实世界、解决真实问题的能

① 中华人民共和国中央人民政府. 中共中央　国务院关于深化教育教学改革全面提高义务教育质量的意见［EB/OL］.（2019-06-23）［2025-02-11］. https://www.gov.cn/gongbao/content/2019/content_5411564.htm.

力。”[1] 这些政策为学校教育指明了方向，要求学校在教育实践中注重学生全面发展，培养德智体美劳全面发展的社会主义建设者和接班人。项目式学习作为政策倡导的重要教学模式，为学校落实立德树人根本任务提供了明确路径，助力教育改革落地生根。

（三）新时代学生核心素养发展的关键支撑

当前的中小学生将在未来 20 年成为国家栋梁，他们需要具备应对未来不确定性世界的能力。项目式学习通过复杂问题的解决，培养学生批判性思维、创造性思维和问题解决能力，激发学生的学习兴趣，提升自主学习能力和创新精神。这种学习方式不仅为学生提供了实践与探索的机会，更为培养拔尖创新人才提供了有力支持，为他们的全面发展奠定了坚实的基础。

因此，项目式学习不仅是教育改革的必然选择，更是国家战略背景下培养未来创新人才的重要途径。它通过实践性、探究性和合作性学习，帮助学生在真实情境中提升核心素养，为实现教育强国目标奠定坚实基础。

三、项目式学习实施框架总览

项目式学习不同于以往的传统教学，它能够借助一般的实施步骤为教师提供明确的指导框架，为学生提供清晰的学习路径。项目式学习的实施步骤如图 1-2 所示。

---

① 中华人民共和国教育部．义务教育课程方案（2022年版）[M]．北京：北京师范大学出版社，2022：14.

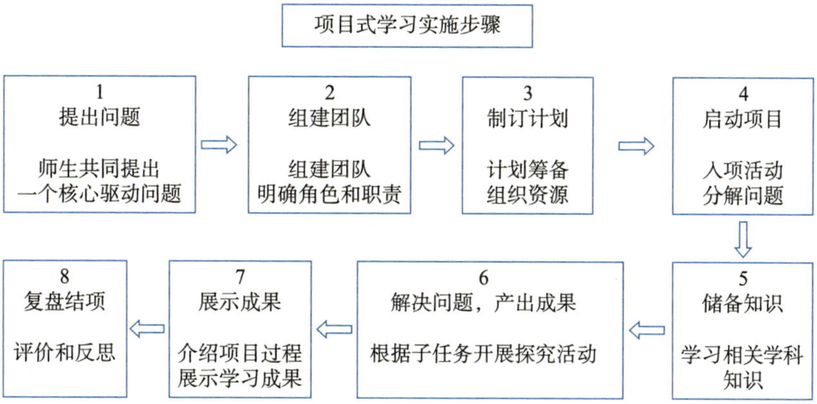

图 1-2 项目式学习的实施步骤

（一）提出问题

在这一阶段，教师和学生共同确定一个核心驱动问题，这个问题应当是驱动整个项目的关键，能够激发学生的兴趣和探究欲望。项目式学习的目标和项目式学习的成果要与核心驱动问题相对应。

（二）组建团队

根据项目目标和学生特点组建项目团队，并明确每个成员的角色和职责，这有助于培养学生的团队合作能力和责任感。

（三）制订计划

团队成员共同讨论并制订详细的项目计划，包括时间安排、任务分配、所需资源等，确保项目能够有序进行。

（四）启动项目

通过入项活动（如项目介绍、目标阐述、规则说明等）正式启动项目。同时，将核心驱动问题进一步分解为更小、更具体的相互关联的子问题，引导生成子任务。通过有序探究完成子任务，逐步解决子问题，进而最终解决核心驱动问题。

（五）储备知识

学生在核心驱动问题及子问题的引导下，学习相关的学科知识和技能，为后续的探究活动打下知识、技能基础。在这一阶段的学习中，教师要关注学科本质，即引导学生通过学习相关学科知识、技能解决问题，发展相关学科的核心素养。同时注重指导学生学习文献查阅、资料收集等方法技能。

（六）解决问题，产出成果

学生根据子任务依次开展探究活动，通过实验、调查、设计等方式，解决问题并产出项目成果。这一阶段是项目式学习的核心，强调学生的主动探究、实践操作和团队合作。

（七）展示成果

学生通过报告、演示、作品展示等方式，向教师和其他学生介绍项目学习过程和学习成果，分享经验和收获。这一阶段有助于提升学生的表达能力和自信心。

（八）复盘结项

在项目结束时，进行总结和反思，包括项目目标的达成情况、过程中的经验和教训、个人和团队的表现等。通过复盘，学生能够更好地理解项目的意义和价值，为未来的学习提供参考。

教师通过以上 8 个步骤，组织学生完成项目式学习，引导学生在真实情境中主动探究和实践，促进知识的应用和对学生能力的培养，实现深度学习和全面发展。

第二章

基于项目式学习的教师研修方式

项目式学习对教师而言是一种教学方式的转型，它改变了传统的授课方式，需要加强学科间的相互配合，要求教师不仅要从学科内走向学科外，还要从跨学科走向超学科，这给教师带来了极大的挑战。因此，在推动学习方式变革、高质量开展项目式学习的过程中，教师的设计与实施能力的提升是重点要解决的问题，这一问题需要学校通过组织教师开展深度教研来破解。

丰台一小自 2020 年起积极探索项目式学习的改革之路。5 年间，学校秉持“本新教育”理念，在集团内全面推进项目式学习落地的过程中，通过机制—模型—工具三维驱动、交互进行，为教师提供从理念到行动、从尝试到优质的专业解决方案，优化教与学的方式，实现科学育人、完整育人，促进教师成为项目式学习的设计者、管理者、促进者。

一、创建“共享项目共同体”研修机制，分步骤全面赋能集团校

由于丰台一小是集团校，各个校区发展程度参差不齐，校本研修面临的最大问题就是保障项目式学习的研修质量。为了破解这一难题，集团构建“共享项目共同体”的共建共享研究模式，采用“点—线—面—体”策略、“切块拼接法”、“基于 SOLO 的研讨模型”、“思维导图赋能法”开展深度研修。

集团建立了“共享项目共同体”的研修机制：基于教师需求—形成研究主题—线上与线下融合共研—解决提出的问题—形成解决问题的策略资源—在集团内共享（如图 2-1 所示）。该机制以明确的路径来指导，以一定的机制来推动，以考评来实现动态管理，解决了成员学校基础不一、内驱力及实施有效性不足等问题，最终达成建设目标。

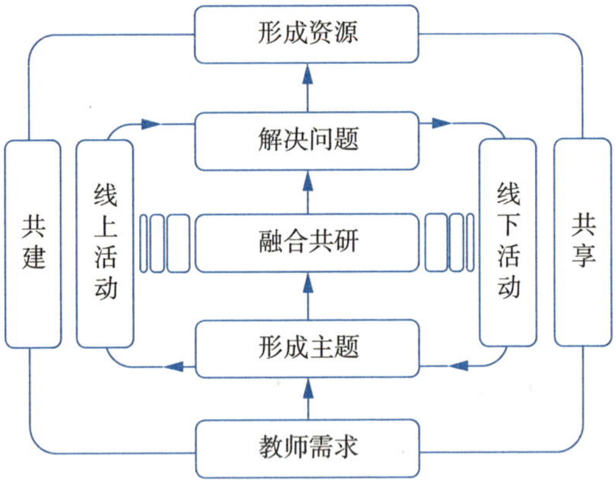

图 2-1 “共享项目共同体”研修机制

二、采用“点—线—面—体”策略，分批次整体推进研修

丰台一小作为一校六址的教育集团校，共有教师 370 人，而项目式学习的改革对于拥有庞大教师群体的集团校具有极大的挑战。因为教师教育观念、知识储备及项目设计、技巧指导、时间管理、资源整合、应对不确定性、调整评价方式能力等不一，全面实施项目式学习具有极大挑战性，所以学校采用“点—线—面—体”的策略，分批次整体进行推进（如图 2-2 所示）。

“点”是指以教学干部、骨干教师为代表，组建的 5 个教研组为龙头，开展项目式学习。通过整合资源，并在各级各类平台中进行展示交流，提振教师进行项目式学习的信心。“点”上推进，起到引路的作用。

“线”是指集团每名干部带领一批骨干教师作为核心力量，推动项目式学习走向深入。集团还组织干部、骨干教师参观学习，帮助他们感悟课程与学生生活的有机融合，以及培养他们让学生发现问题的意识，使他们了解与生活链接解决问题的全链条活动设计。这打开了教师思路，拓宽了教师视野。“线”上推进，起到干部引路的作用。

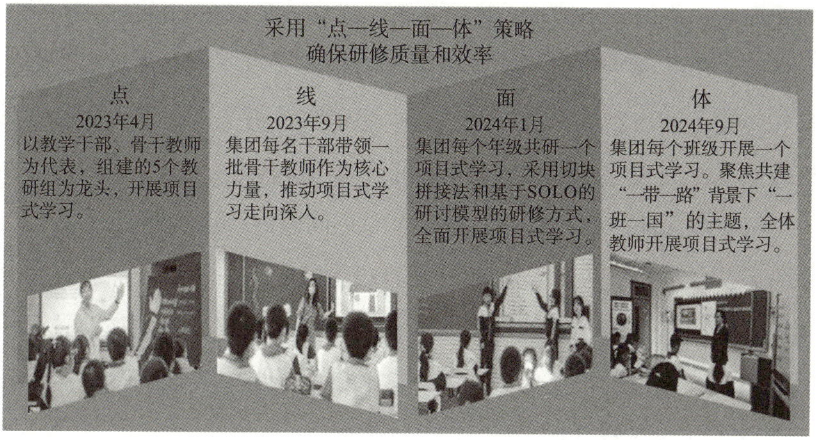

图 2-2 “点—线—面—体”策略实施架构

“面”是指集团每个年级共研一个项目式学习，采用切块拼接法和基于 SOLO 的研讨模型的研修方式，全面开展项目式学习。全体教师以年级组为单位共同研讨理论知识，开发实践工具，进行项目式学习方案设计，使育人方式的变革走向全体教师。“面”上推进，起到共研共破解的作用。

“体”是指集团每个班级开展一个项目式学习，聚焦共建“一带一路”背景下“一班一国”的主题，全体教师开展项目式学习。全体教师以个体为单位开展项目式学习，实现人人皆可开展项目式学习的目标。“体”上推进，起到人人落实的作用。

分批次整体推进，进而实现教师人人能指导学生开展项目式学习，完成以“学”为中心的教学观念的转变。

三、采用“切块拼接法”，分组别深度落实专项

（一）“切块拼接法”的主要步骤

首先，学校将复杂的项目式学习分解成 6 个专项问题：项目式学习的特征、驱动问题设计、学生主体作用、教师作用发挥、项目组织管理、学习展示评价。这种分解策略使得项目式学习的研究变得更加具体和可操作，每

个问题都指向项目式学习中的关键环节，为教师提供了明确的研究方向。

其次，学校成立了解决这 6 个专项问题的大组，每个年级组分别选派教师代表加入要研究的专项问题组中。这种跨年级的合作模式打破了传统的年级壁垒，促进了不同年级教师之间的交流与合作。每个教师代表在各自的小组中深入研讨专项问题，形成了专项问题的解决策略。

最后，专项问题解决组的教师带着解决问题的方法回到原组，将专项问题的解决策略与自己组的项目式学习主题拼接起来，形成完整的项目式学习方案。这一过程不仅促进了教师之间的知识共享，也深化了教师对项目式学习的整体理解。

（二）“切块拼接法”的作用

在切块的过程中，每一位教师都对某一个专项问题进行了深入的研究。这种深入研究使得教师在回到组内时能最大化地发挥个人价值。每个人都成为研究某一专项问题的专家，这不仅降低了项目式学习的难度，也提升了教师的专业素养。拼接在一起的过程是智慧碰撞的过程，是价值实现的过程，也是团队协作解决问题的过程。这种团队协作模式极大地提高了团队合作效率，使得项目式学习方案更加完善和有效。

这种教研组织方式为教师提供了实现自我价值和个人提升的机会。每位教师在专项问题研究中的成长，以及在团队协作中的贡献，都有助于提升他们的职业满意度和教学效果。通过“切块拼接法”机制，丰台一小的教师们在项目式学习的实践中不断探索和创新，实现了从群体内部到群体重组的新变化。

四、采用“基于 SOLO 的研讨模型”，分阶段创新转化应用

（一）SOLO 理论

为促进教师深入思考，学校以教学实践中的具体问题为契机，开发出

基于 SOLO 的研讨模型，为教师提供了一个系统化的研讨框架，以促进教师在项目式学习中的专业成长。该研讨模型将教师的项目式学习研讨过程分为 5 个阶段：问题描述阶段、问题分析阶段、对策探寻阶段、结论提炼阶段、拓展设计阶段（如图 2-3 所示）。

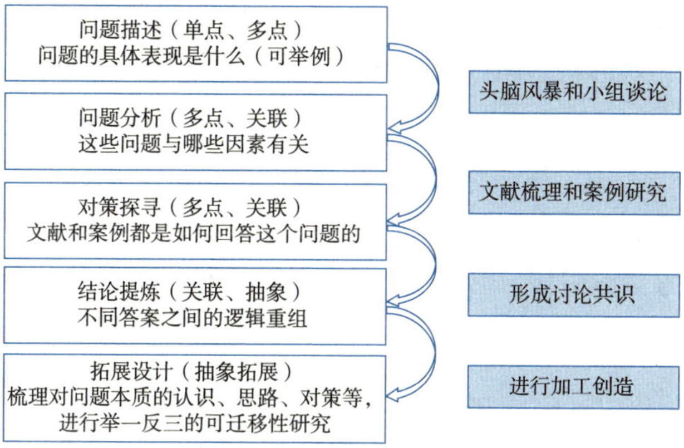

图 2-3 基于 SOLO 的研讨模型

（二）基于 SOLO 的研讨模型在丰台一小的应用

问题描述阶段：在这一阶段，教师们首先识别和描述在教学实践中遇到的具体问题。

问题分析阶段：教师们通过头脑风暴和小组讨论，探讨问题与各种因素的关系。这样的分析有助于教师从不同角度理解问题，并找到问题的根本原因。

对策探寻阶段：教师们通过文献梳理和案例研究，收集整理信息，探索解决问题的对策。

结论提炼阶段：教师们通过分析和归纳信息，将不同答案逻辑重组形成讨论共识。

拓展设计阶段：教师们将理论知识转化为实际能力，通过实践和应用，梳理对问题本质的认识、思路和对策等，并进行举一反三的可迁移性研究。

通过这样的研讨模型，教师对项目式学习过程中相关因素的理解和把握更加深入、具体，能够对教育教学方式进行有针对性的改进和创新，从而更有效地促进学生的核心素养发展。

五、采用“思维导图赋能法”，分层级多维提升能力

在项目式学习研讨过程中，学校非常注重数字赋能。每一次教研中，由一位年轻教师以思维导图的方式进行动态记录，将研修共同体研究的内容高度概括成思维导图。教研结束时该图即完成，有效避免了研而不得的问题。

就教师个体而言，“一研一图”最大的优势是可以提升教师的高阶思维能力，尤其是概括能力。概括能力越强，思维之塔就越高。进而教师能够对各类项目式学习的现象、事件、问题材料进行总结归纳和高度概括，形成自己独到的观点，进一步具备从特殊到一般、从个性提取共性、透过现象看本质的洞察总结能力，锻炼结构化思维。

就共同体而言，组内教师可以通过这种方式将研讨时的内容思维外显，并能及时发现信息中的关联并概括提取关键信息，进而聚焦问题并通力解决，培养共同体思维的逻辑性和理据性，初构高阶思维研究的范式，提升思维品质。同时，能够形成研究成果，与共同体成员共享，实现研修成果共享价值最大化。

六、“黄金十分钟”

（一）“黄金十分钟”概述

“黄金十分钟”通常指的是在教师开展研修活动后进行的短暂、高效的反思时间。研修后大脑处于最佳记忆留存状态，此时进行“趁热打铁”

式反思可以巩固和消化研修内容。在这宝贵的十分钟里，教师通过即时的思考进行自我深度反省，将研修收获迅速转化为优化教学实践的启发、思考、方法或策略等。

这段宝贵的“黄金十分钟”，如同教育工作者的每日“思维 SPA”，既能沉淀研修精华，又能激活教学灵感，促进教师在教育思想的持续迭代中实现专业发展，对于提高教学质量和推动教育创新具有重要意义。

（二）“黄金十分钟”实施方法

1. 明确反思目标

在研修活动结束后，要迅速明确此次“黄金十分钟”反思的重点，从多方面帮助教师进行深度反思。例如，对研修主题的理解、教学方法的运用、学生的学习效果、课程内容的设计等，让反思更具针对性。

2. 借助工具提升反思效率

（1）双轨制记录法

在研修过程中记录研修要点，以及产生的即时性思考内容。左侧栏可以用文字记录研修要点，右侧栏同步记录即时性思考内容，记录方式可以是绘制涂鸦（如用颜色标注困惑点），也可以是写下提炼后的关键词语等，简要记录便于后续思考（如图 2-4 所示）。

记录研修要点	记录即时性思考内容

图 2-4 双轨制记录法

（2）3 分钟速记法

使用“3W”记录模板：

What（亮点）：记录 1 个最受启发的研修要点；

Why（困惑）：标注 1 个待解决的实践问题；

How（行动）：立即生成 1 条改进措施。

（3）思维导图速记法

将研修的要点以思维导图的方式进行快速梳理，关联多个研修要点实现深度反思。

3. 与自我关联开展深度反思

短暂的反思时间促使教师深入思考研修内容，将研修理论与自己的教学实践相结合，从而促进深度理解和内化。教师可以从多个维度进行深度反思。例如，可以对教学实践中的问题进行反思，从自身角度分析原因，思考是教学经验不足、理论知识欠缺，还是教学策略不当等因素导致问题的产生；也可以总结经验教训，思考如何将好的研修成果应用到实际教学中，对教与学的方式进行优化等。

4. 制订改进计划

教师根据反思的成果制订具体的改进计划，包括改进的目标、措施和时间节点，确保反思能够转化为实际的教学改进行动。

“黄金十分钟”的反思有助于教师培养自我评估的能力，通过自我观察和自我评价，提高自我调节和自我改进的能力，促进教师专业成长。

综上所述，新型的研修机制在打破集团界限的同时使合作真实发生。教研组织方式以及研修工具的使用，促进教师运用科学的方法、依托路径清晰的研讨模型，形成合力解决实践中遇到的困难与挑战，促进理论转化为实践。这也为教师提供了一个持续学习和专业发展的机会，提升了整个教育团队的教学质量和创新能力。

第三章

课程类型与教学设计

从流程上说，项目式学习一般要经历入项、探究和出项 3 个基本阶段。结合国内研究团队提出的高质量项目式学习的六大要素，即问题驱动、持续探究、学生参与、学科融合、评价引领和产品导向，审视学习的全过程，丰台一小将项目式学习的课型分为导引课、探究课、展示课和反思课四种。每种课型重点任务和关键环节有所不同，因而具有不同的流程模式。教师在实际操作中，可依据教学环境和学生需求，在基本流程模式基础上进行适当的调整、删减、改编、优化或创新，以确保教学效果的最大化。

一、导引课

（一）导引课模型

项目式学习导引课模型如图 3-1 所示。

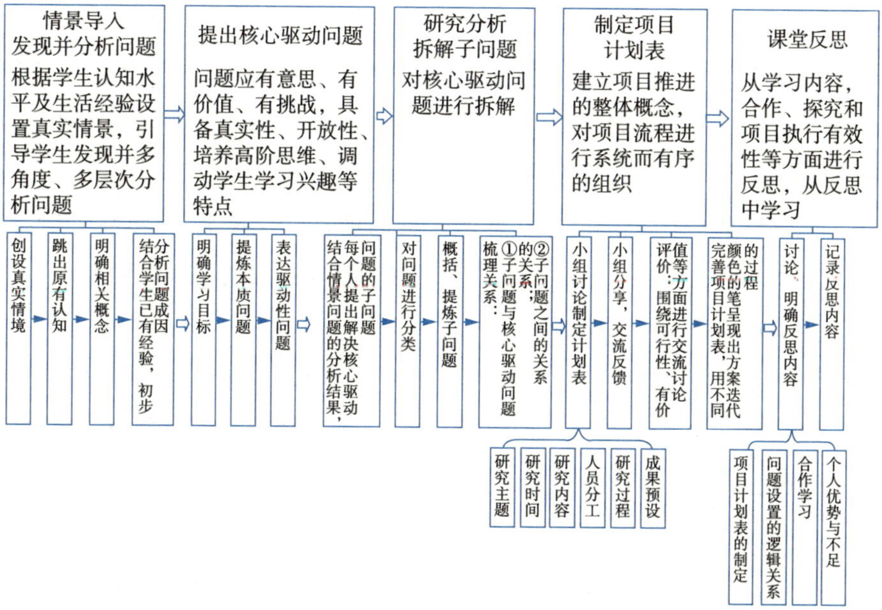

图 3-1　项目式学习导引课模型

1. 入项说明

用“导引”二字为入项课命名，顾名思义要突出项目中学生的主体地位。教师要发挥好引导者的作用，引导学生主动参与、自主探究，解决实际问题或完成具体任务；帮助学生在实践中深度学习，掌握知识、提升能力，培养核心素养，构建价值体系。

在启动项目环节，核心驱动问题是灵魂。项目式学习所有的教学环节和学习行为都将围绕核心驱动问题展开，项目产品和成果均指向核心驱动问题的解决。核心驱动问题是否得到解决，是项目评价的重要指标。同时，一个好的驱动性问题能带给学生强烈的探究欲和行动力，驱使他们积极寻找问题的解决方案并进行探究，激发出丰富的想象力并实现深度学习。

2. 提出问题

这么重要的问题应该由谁来提出呢？如果由学生提出，可能无法指向学科目标；如果由教师提出，可能无法回归学生视角。因此，一个好问题的提出不是一次成形的，经常需要反复讨论、修改和迭代，由教师和学生共同完成。

教师层面应注重“四大”，即指向学科核心素养的问题设计要源于大主题、基于大情境、设计大任务、构建大概念。大概念的提炼来自对课程标准、教材和学生生活情境、成长意义的分析。同时，教师还要具备“产品”意识，以终为始，贯彻整个项目。

学生层面应注重“角色”意识，提问前从“我是谁”“为谁”“解决什么问题”这三个方面考虑，就像我们在做真实项目的时候需要考虑“团队”“客户”“目标”一样。

教师和学生在定位好自己的角色并身处自己的专业和生活背景的基础上，可以从研究主题出发，运用头脑风暴、问题墙等梳理出有趣、有挑战性、有意义的高质量问题。

3. 分解问题

导引课不仅将问题聚焦，还要将核心问题拆分。聚焦是为了明确最终目标和成果展示方式，拆分是要用“做事”的思维将核心驱动问题拆分成系列子问题，也就是推进过程中各个阶段的关键节点问题，以保障项目顺利实施与推进。同时以问题延展学习内容，融通学习领域，实现学生素养的提升。

在拆分核心问题的过程中，教师可以作为参与者，甚至抛砖引玉地提出问题，引导每个学生提出解决问题过程中遇到的困难、需要的知识储备等，然后引导学生再次对问题进行分类，概括、提炼出子问题，最后梳理子问题与核心驱动问题的关系，以及子问题之间的前后逻辑关系（如图 3-2 所示）。

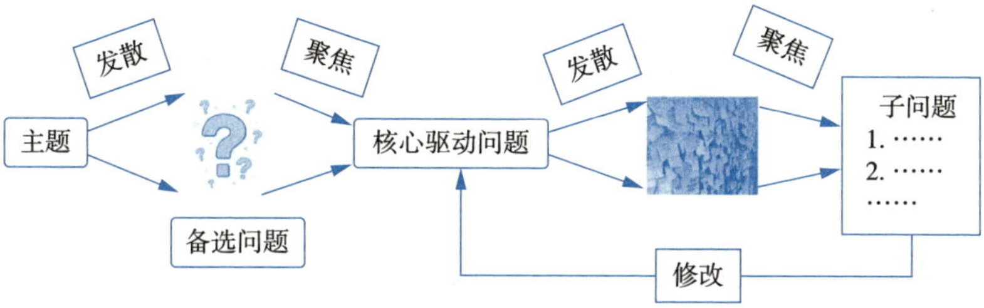

图 3-2 问题分解示意

分解的子问题与核心驱动问题之间的关系基本可以分为三个层次：并列关系、递进关系和冲突关系。并列关系指将核心驱动问题拆分成各自独立的子问题，分别对学科领域的关键素养进行迁移应用，探索解决核心问题；递进关系指将核心驱动问题分解成各个子问题，每个子问题的解决都有可能综合运用到各学科知识，并且前一个子问题是后一个子问题解决的前提，每一个子问题之间环环相扣、层层递进，直至核心驱动问题解决；冲突关系指直面问题，从不同的学科视角分别整体界定、分析问题，并提出不同学科视角下的解决方案。

提出核心驱动问题和对核心驱动问题进行拆解是导引课的关键环节，也是立项组队的核心。在此基础上，学生可以综合考虑与同伴的关系、自身特长、能力匹配、任务分配等因素组成小组，进一步开展制定项目计划表的工作，为下一阶段的项目探究做好铺垫。

（二）导引课支持工具与方法

1. 梳理核心驱动问题常用的工具与方法

（1）目标导向，多维提问

① 头脑风暴课：从不同维度提出问题

头脑风暴课是项目式学习中的创意生成环节，通过提供背景信息、定义问题、收集观点、筛选观点等步骤，学生能够在开放的氛围中提出各种问题和创意。

② 三步提问法：提出相关联、有逻辑性的问题

三步提问法通过“我看到了……”“我想到了……”“我还想知道……”等开放性问题启发学生思考，提出相关联、有逻辑性的问题，示例如表3-1所示。

表 3-1　三步提问法表单示例

我看到了……	我想到了……	我还想知道……

（2）梳理关联，聚焦核心

① 问题墙：便于问题梳理与分类

首先，在便利贴上书写与主题相关的疑问（如“为什么？”“如何解决？”）；其次，分类贴到问题墙上（分“事实类”“观点类”“行动类”）；最后，投票选出最值得探究的3个问题，整合为驱动性问题。

② 须知表：有条理地思考

须知表通过让学生找到自己要解决的问题、已经知道的信息和还想知道的信息等，培养学生有条理地思考，示例如表3-2所示。

表 3-2　须知表示例

要解决的问题	已经知道的信息	还想知道的信息

③ 核心驱动问题设计卡：梳理概括主问题（教师用）

核心驱动问题设计卡可协助教师引导学生梳理概括主要问题，示例如表 3-3 所示。

表 3-3 核心驱动问题设计卡示例

核心驱动问题的结构	谁（本次项目的主体是谁）	
	为谁（本项目产品将为谁服务）	
	解决什么问题（开展本项目解决了什么实际问题）	
核心驱动问题		
改进版核心驱动问题	第一版：…… 第二版：…… ……	
核心驱动问题的质量	有兴趣（学生视角）	
	有挑战（学生能力）	
	有意义（产品有现实意义）	

④ ORID 焦点讨论法：聚焦并分解核心问题

ORID 焦点讨论法聚焦并分解核心问题，有助于学生了解项目的核心驱动问题、焦点问题层级和行动实施计划，使用示例如表 3-4 所示。

表 3-4 ORID 焦点讨论法使用示例

核心驱动问题	焦点问题层级	行动实施计划
本项目的核心驱动问题	客观层面（O） 关注直接收到的客观信息	聚焦客观现实和依据 （项目启动）
	反应层面（R） 有关个人的反应和联想	聚焦有待解决的问题 （分析问题）
	诠释层面（I） 关于意义、重要性和含义	聚焦问题的原因和突破点 （解决问题）
	决定层面（D） 关注解决方案	聚焦问题的解决方案 （产出成果）

2. 小组分工常用工具与方法

（1）角色扑克牌：增强角色意识

将项目角色制成卡片（如“调研员”“设计师”“汇报人”“协调员”等），学生抽取角色后讨论职责，允许协商交换。项目成员分工表示例如表 3-5 所示。

表 3-5　项目成员分工表示例

<table>
<tr><th>序号</th><th>管理角色</th><th>认知角色</th><th>主要职责</th><th>发展的素养</th></tr>
<tr><td>1</td><td rowspan="3">记录员
资料员
检查员
……</td><td>小组长</td><td>统筹安排
分工协调
……</td><td></td></tr>
<tr><td>2</td><td>讲解员</td><td>负责景观介绍
……</td><td rowspan="2"></td></tr>
<tr><td>3</td><td>……</td><td>……</td></tr>
</table>

（2）切块拼接法：提高协作能力

组内：不同角色学生合作完成任务，促进学生在自己负责的领域履行自己的职责。

组间：具有相同角色的学生共同深化学习，相互促进完善提升。

3. 小组合作常用工具与方法

（1）小组活动公约

制定小组活动公约有助于项目成员达成共识，协作完成项目。小组活动公约示例如图 3-3 所示。

小组活动公约

1. 由专人负责讨论记录。
2. 讨论时听别人说完再发言，确实想插话先举手示意。
3. 每人发言不超过 3 分钟。
4. 每次讨论结束有 4 分钟的反思发言。

……

图 3-3　小组活动公约示例

（2）小组（课堂）评价表

小组（课堂）评价表有助于评价小组活动的内容、过程和成果，并帮助组员及时复盘和反思，提升活动价值。小组（课堂）评价表示例如表3-6所示。

表3-6 小组（课堂）评价表示例

评价项目	☆	☆☆	☆☆☆
我能与同伴合作			
我能在讨论中发表建议或意见			
……			

注：本表适用于过程性评价。

以上所列项目式学习的支持工具仅为示例，并非穷尽所有。在实际教学过程中，教师可凭借专业智慧和创新精神根据具体教学需求、学生特点及课程目标，灵活选择、创造性改造或自主开发适切的教学工具，从而获得更优质的教学成效。

（三）导引课教学设计

“我的兑换我做主——‘六小’积分兑换公约推广项目活动”导引课

1. 项目基本信息

项目基本信息如表3-7所示。

表3-7 项目基本信息

<table>
<tr><td>项目名称</td><td colspan="5">我的兑换我做主——“六小”积分兑换公约推广项目活动</td></tr>
<tr><td>涉及学科</td><td>语文、美术等</td><td>学段</td><td>低段</td><td>年级</td><td>二年级</td></tr>
<tr><td>主要教材</td><td colspan="5">统编版二年级语文下册第五单元口语交际“图书馆借阅公约”</td></tr>
</table>

2. 项目背景分析

（1）项目构思

丰台一小有悠久的“六小”公民教育历史，围绕“六小”每个班都开展了争章活动。本次活动的主题源于一次二年级数学课上对本年级学生“六小”奖章兑换方式的问卷调查。分析调查结果后学生发现了兑换中存在的问题：一是每个班级都有自己的兑换标准，班级兑换标准不统一；二是校级兑换周期长（每年“六一”当天兑换）；三是兑换结果单一（兑换只有金质奖章、银质奖章和小能人奖章）。为了解决这些问题，丰台一小二年级组开展了“我的兑换我做主”的项目研究活动，以期通过本次活动完善兑换制度，制定新的兑换公约，并对全校师生进行推广。

（2）课标依据

《义务教育课程方案（2022 年版）》指出，要培养学生“乐于提问，敢于质疑，学会在真实情境中发现问题、解决问题，具有探究能力和创新精神”，“学会交往，善于沟通，具有基本的合作能力、团队精神”①。

《义务教育语文课程标准（2022 年版）》也强调，语文教学要“强化课程综合性和实践性，推动育人方式变革，着力发展学生核心素养”②。

（3）教材分析

本次项目活动基于统编版二年级语文下册教材中第五单元的学习开展。第五单元围绕“办法”这一人文主题安排了三个故事。以故事的人文内涵激发学生多角度思考，使学生获得丰富的启示。这种思考问题的方法也为本次项目活动开展提供了支持。“根据课文内容简单谈谈看法”是本单元的语文要素。通过单元学习，学生能够借助教师提供的文字或视频资料，说出自己的观点、看法。这为项目活动的顺利开展提供了工具支架。

① 中华人民共和国教育部. 义务教育课程方案（2022年版）[M]. 北京：北京师范大学出版社，2022：2-3.

② 中华人民共和国教育部. 义务教育语文课程标准（2022年版）[M]. 北京：北京师范大学出版社，2022：2.

课标对口语交际从“倾听、表达和应对”三个方面对不同阶段的学生作了明确的要求。二年级语文下册教材中共有四次口语交际。本次是第三次口语交际，重在在学生原有能力的基础上，通过讨论、探究形成自己独特的图书馆借阅公约。活动过程中，关注学生的倾听能力、语言表达能力和思维能力的提升。这是一个从“能”到“会”的过程，在这个过程中形成的知识技能为开展本次项目式学习奠定了基础。

（4）学情分析

通过观察访谈，结合以往的教学经验，发现二年级学生具有以下优势：有强烈的好奇心、探究的热情，喜欢讨论，愿意和伙伴一起完成任务。有一定的知识基础，生活学习中，随时能接触到各类公约和海报。具备一定的知识技能：语文学科中口语交际能力，数学学科中“分析与整理”能力，美术学科中构思用色能力。但是由于年龄小，也有一些不足，如缺少自主进行小组分工的能力，整理、记录活动过程能力不足、不知道该如何进行评价等。

3. 项目目标

（1）项目定义

①核心驱动问题

怎样向学生们介绍“如何使用‘六小’积分卡开展兑换活动”？

②项目最终成果

选派出的学生代表向全校师生进行兑换公约宣讲。

③成果展示方式

“六小”积分兑换公约宣讲；“六小”积分兑换公约海报。

（2）学习目标

① 学科素养目标

A. 能借助数学知识开展问卷调查，分析找出问题，设计出可实施的项目方案。

B. 能主动探究并发表关于如何使用兑换机进行兑换的意见，制定出有学校特色的“六小”奖章兑换公约。

C. 设计有“六小”特色的兑换公约海报。

D. 以宣讲、海报等形式进行兑换公约的推广，让兑换公约普及校园。

② 共通素养目标

A. 小组交流时，能做到等别人说完再发表自己的意见，能清楚地表达自己的想法。

B. 能够通过评价表对自己和其他人的表现作出合理的评价。

（3）PBL 素养目标

PBL 素养目标包括的 CREATE 维度及相应能力表现如表 3-8 所示。

表 3-8　CREATE 维度及相应能力表现

CREATE 维度	能力表现				
□ C-Creativity（创造力）	□ C1	□ C2	□ C3	□ C4	□ C5
□ R-Reflection（反思）	□ R1	□ R2	□ R3	□ R4	
□ E-Evaluation（评估）	□ E1	□ E2	□ E3	□ E4	
□ A-Adaptability(适应性）	□ A1	□ A2	□ A3		
□ T-Teamwork（团队合作）	□ T1	□ T2	□ T3		
□ E-Ethics（伦理意识）	□ E1	□ E1	□ E1		

4. 项目规划及流程设计

项目规划示例如表 3-9 所示。

表 3-9　项目规划示例

核心驱动问题	总任务	最终成果	总课时
怎样向学生们介绍“如何使用‘六小’积分卡开展兑换活动”	向学生们介绍“如何使用‘六小’积分卡开展兑换活动”	选派出的学生代表向全校师生进行兑换公约宣讲	6 课时
分解驱动问题	**主任务**	**主产品（里程碑）**	**具体课时安排**
如何解决现行兑换中的问题	任务一：激发学生兴趣，布置任务	明确了小组及活动任务	1 课时

续表

分解驱动问题	主任务	主产品（里程碑）	具体课时安排
怎样制定出被大家认可的“六小”积分兑换公约	任务二：制定“六小”积分兑换公约	“六小”积分兑换公约	2 课时
怎样设计出吸引人的“六小”积分兑换公约海报	任务三：设计“六小”积分兑换公约海报	“六小”积分兑换公约海报	2 课时
如何推广“六小”积分兑换公约	任务四：“六小”积分兑换公约宣讲	“六小”积分兑换公约宣讲推广	1 课时

流程设计示例如图 3-4 所示。

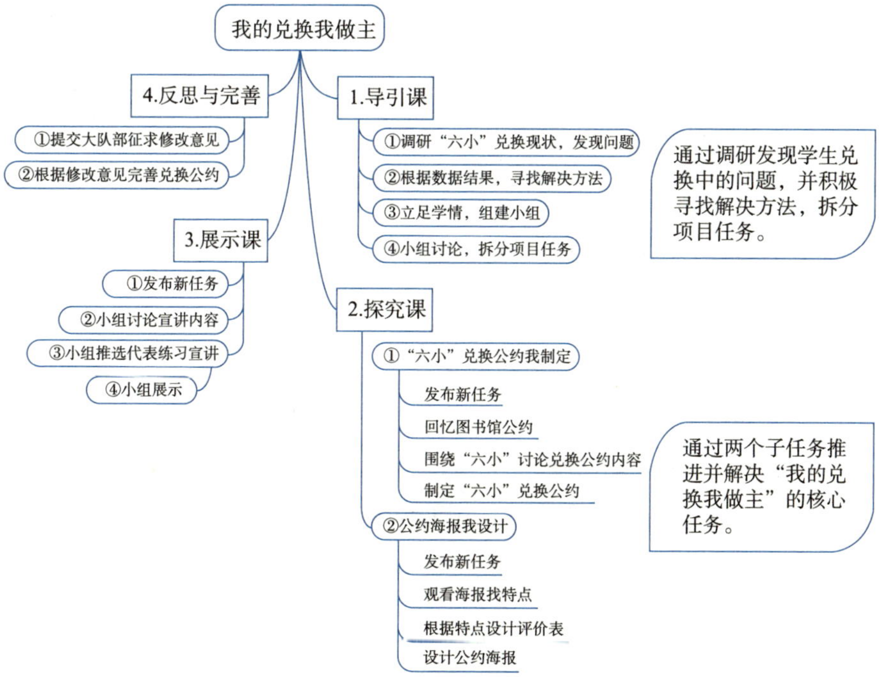

图 3-4 流程设计示例

5. 项目实施

在导引课实际实施过程中，流程如图 3-5 所示。

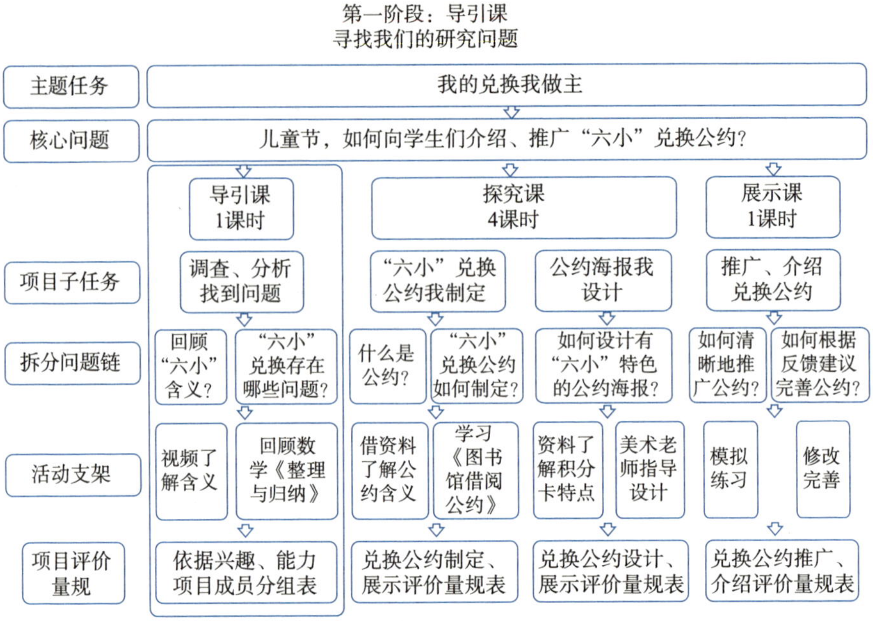

图 3-5　导引课流程

（1）活动一：问卷调研，发现问题

① 分析问卷调查结果

分析问卷调查结果（如图 3-6 所示），你认为现在的兑换方式和方法存在什么问题？

② 学生讨论并提出问题

问题汇总后，学生发现现在使用的兑换方式中存在问题：

A. 校级兑换周期长；

B. 兑换标准不统一；

C. 兑换方式单一。

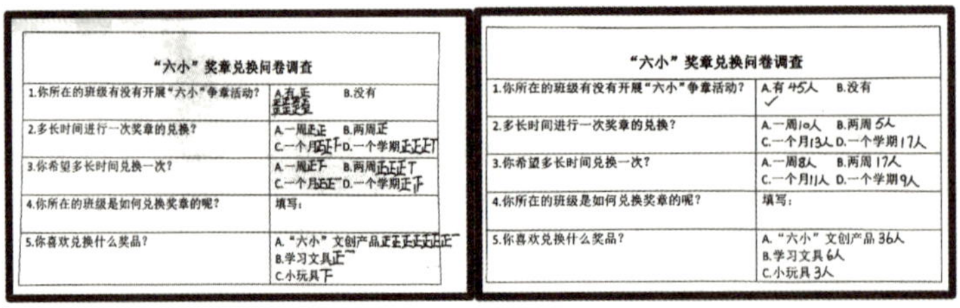

图 3-6　“六小”奖章兑换问卷调查（部分）

【设计意图】经过对问卷调查结果的分析，学生发现了“六小”兑换中存在的问题，从而引出了研究主题。

（2）活动二：展开讨论，寻找解决对策

① 头脑风暴，讨论对策

学生在小组内，头脑风暴讨论对策。

学生共识：建议随时兑换，统一兑换标准和丰富兑换奖品。

老师介绍：“数智赋能”进校园——引进“六小”积分机和“六小”奖章兑换机，帮助大家解决现在的兑换问题。

② 三步提问，深入思考

提出问题：有了机器就能解决我们的问题吗？怎样才能做到“我的兑换我做主”呢？

【设计意图】经过头脑风暴，学生逐渐达成了共识。三步提问法又引发了学生新的思考。

（3）活动三：围绕核心问题，拆分子任务

① 学生分小组围绕核心问题讨论如何才能完成“向学生们介绍、推广‘六小’兑换公约”。

② 汇总后得出结论。

完成总任务需完成三个子任务：

子任务一，制定“六小”奖章兑换公约；

子任务二，设计公约海报；

子任务三，向全校师生推广公约。

【设计意图】围绕核心驱动问题分解、拆分子任务是帮助学生明确整个项目活动的环节和步骤。

（4）活动四：小组分工，明确任务

根据学生特点划分小组（如图 3-7 所示），每个小组由管理员、纪律监督员、记录员、资料收集员和策划师组成。

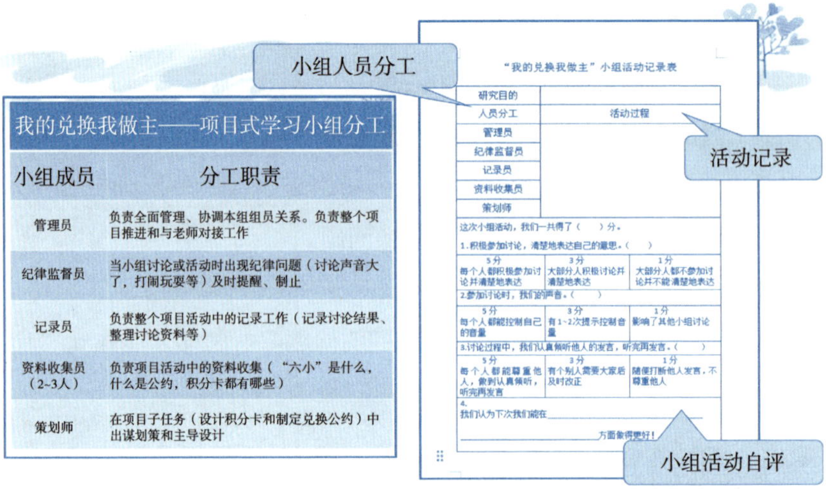

图 3-7 “六小”积分兑换公约项目活动小组人员分工示例

【设计意图】小组分工让每位学生都有事情可做，都能在活动中有所提高和获得成功。

“六小”积分兑换公约项目活动启动流程如图 3-8 所示。

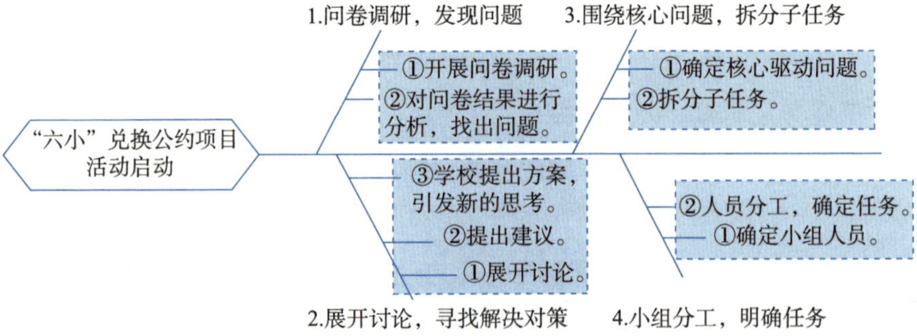

图 3-8 “六小”积分兑换公约项目活动启动流程

6. 项目教学中学生的典型表现与对策

（1）现在的兑换方式和方法存在“兑换标准不统一，校级兑换周期长，兑换方式单一”的问题，怎么办？

对策：通过头脑风暴引导学生积极思考对策并主动分享，最终得出“统一兑换标准和丰富兑换奖品”的结论。学校也要引进“积分机”和“兑换机”丰富兑换奖品，便于随时兑换。

（2）有了机器也不能解决所有问题，怎样才能实现“我的兑换我做主”？

对策：学生分小组讨论，得出要想做到“我的兑换我做主”，需要完成以下三个子任务：

子任务一，制定“六小”奖章兑换公约；

子任务二，设计公约海报；

子任务三，向全校师生推广公约。

（3）要想高效地完成项目活动，该怎么进行小组活动？

对策：根据学生不同特点合理组合小组，小组内设有管理员、纪律监督员、记录员、资料收集员和策划师不同职位，促使小组内每个学生都有事可做。

- 附件 1　合作学习活动记录表

“我的兑换我做主”小组活动记录表示例

<table>
<tr><th>研究目的</th><th>围绕核心驱动问题拆分子任务</th></tr>
<tr><td>人员分工</td><td>活动过程</td></tr>
<tr><td>管理员</td><td rowspan="5">1. 明确项目核心驱动问题：怎样向学生们介绍“如何使用‘六小’积分卡开展兑换活动”？
2. 围绕核心驱动问题拆分子任务：
（1）怎样制定出被大家认可的“六小”积分兑换公约？
（2）怎样设计出吸引人的“六小”积分兑换公约海报？
（3）如何推广“六小”积分兑换公约？</td></tr>
<tr><td>纪律监督员</td></tr>
<tr><td>记录员</td></tr>
<tr><td>资料收集员</td></tr>
<tr><td>策划师</td></tr>
<tr><td colspan="2">这次小组活动，我们一共得了（　　）分</td></tr>
<tr><td colspan="2">1. 积极参加讨论，清楚地表达自己的意思。（　　）</td></tr>
</table>

续表

<table>
<tr><td>研究目的</td><td colspan="3">围绕核心驱动问题拆分子任务</td></tr>
<tr><td colspan="2">5 分
每个人都积极参加讨论并清楚表达</td><td>3 分
大部分人积极参加讨论并清楚表达</td><td>1 分
大部分人不参加讨论且不能清楚表达</td></tr>
<tr><td colspan="4">2. 参加讨论时，我们能否控制自己的音量。(　　)</td></tr>
<tr><td colspan="2">5 分
每个人都能控制自己的音量</td><td>3 分
有 1~2 次被提示控制音量</td><td>1 分
影响了其他小组讨论</td></tr>
<tr><td colspan="4">3. 讨论过程中，我们认真倾听他人的发言，听完再发言。(　　)</td></tr>
<tr><td colspan="2">5 分
每个人都能尊重他人，做到认真倾听，听完再发言</td><td>3 分
有个别人经过大家提醒后及时改正</td><td>1 分
随便打断他人发言，不尊重他人</td></tr>
<tr><td colspan="4">我们认为下次我们能在______________________________
______________________________方面做得更好</td></tr>
</table>

- 附件 2　项目计划表

“我的兑换我做主”小组活动计划表示例

<table>
<tr><td>小组名称：雏菊小队</td><td>项目主题：我的兑换我做主</td></tr>
<tr><td colspan="2">研究时间：2024 年 4 月 15 日</td></tr>
<tr><td colspan="2">研究内容：怎样制定出被大家认可的“六小”积分兑换公约</td></tr>
<tr><td colspan="2">人员分工：记录员：　　资料收集员：　　纪律监督员：
管理员：　　策划师：　　汇报员：</td></tr>
<tr><td colspan="2">完成这个项目，我们可能面对的问题有哪些？如何解决？“六小”积分兑换公约包括几个方面？我们可以向班主任或大队辅导员寻求帮助，也可以查看我们的《成长手册》等</td></tr>
<tr><td>我们计划做哪些调研工作？（所需的知识、技能）
查看资料时我们需要做好记录，这就用到了语文课上学习的“摘抄”技能。
向班主任或大队辅导员寻求帮助，我们可能会用到“口语交际”课上学习到的询问、沟通等交流方法，并记录下来</td><td>研究中需要增加的调研内容（开展研究后，如有增加再填写）</td></tr>
</table>

续表

小组名称：雏菊小队			项目主题：我的兑换我做主	
项目结束时，我们的作品是什么？我们如何展示作品？ 项目结束时，我们会制定完成一份较为科学并完善的“六小”积分兑换公约。我们决定通过设计公约宣传海报、进行公约宣讲等方式展示我们的作品				
我们完成的研究步骤			研究中需要调整的研究步骤	
	做什么	怎么做（用什么方法，需要谁帮助，在哪里完成等）	做什么	怎么做（用什么方法，需要谁帮助，在哪里完成等）
1	回忆《图书馆借阅公约》的制定过程	借助教师出示的《图书馆借阅公约》，回忆公约的制定标准	总结、归纳出公约的特点	阅读大量公约范本后，找出公约的特点是：语言简洁、内容全面、被大多数人认可
2	回忆《图书馆借阅公约》的制定角度	讨论《图书馆借阅公约》的内容包括几个方面	分析“六小”兑换公约涵盖的内容	讨论、交流发现三个角度：机器使用方法、兑换规则、兑换中的礼仪
3	结合“六小”确定兑换公约内容	借助“金点子”收集表收集学生的意见	在反馈中整理、归纳出有意义的、被大家认可的公约内容	听取小组汇报时，汇总有效的建议，整理出较为完整的公约内容
4	能从不同的角度把整理出的建议进行分类	在“六小”积分兑换公约设计单上，整理、归纳公约具体内容	根据确定的三个角度把整理出的有效建议进行分类	从机器的使用方法、兑换规则、兑换中的礼仪角度整理出一份较为完善的兑换公约

- 附件 3　项目评价量规表

“我的兑换我做主”依据兴趣、能力项目成员分组表示例

管理角色	认知角色	主要职责	发展的素养
统筹人员 提示人员 记录人员	组长	统筹管理，分工协调	责任担当、技能运用、认真倾听、清楚表达、根据他人的发言提出自己的想法和建议、同理心
	文案员	记录小组讨论、制定的兑换公约内容	
	纪律监督员	提示小组讨论时音量适中，按时完成讨论	
	设计师	设计兑换公约海报	
	讲解员	推广介绍兑换公约海报	

“我的兑换我做主”兑换公约制定、展示评价量规表示例

评价内容	评价标准		
	5 分	3 分	1 分
兑换方式	清晰简洁、合理方便、便于操作、能充分激发兴趣	比较清晰简洁、比较合理方便、比较便于操作、比较能激发兴趣	不够清晰简洁、不够合理方便、不方便操作、不能激发兴趣
作品介绍	声音洪亮、条理清晰、仪态大方	声音比较洪亮、条理比较清晰、仪态比较大方	声音不够洪亮、条理不够清晰、仪态不够大方

“我的兑换我做主”海报设计、展示评价量规表示例

评价内容	评价标准		
	5 分	3 分	1 分
设计内容	图案美观，能鲜明地表达主题；色彩丰富饱满，搭配和谐	图案比较美观，能够较好地表达主题；色彩比较丰富饱满，搭配比较和谐	图案不够美观，表达主题不够明确；色彩比较单一，搭配不够和谐
作品介绍	声音洪亮、条理清晰、仪态大方	声音比较洪亮、条理比较清晰、仪态比较大方	声音不够洪亮、条理不够清晰、仪态不够大方

“我的兑换我做主”兑换公约推广、介绍评价量规表示例

评价内容	评价标准				
	5 分	4 分	3 分	2 分	1 分
发音清楚	吐字清晰、条理清楚	有 1~2 处错误	有 3~4 处错误	有语法错误	表达不清楚
声情并茂	声音变化大、很有感情	声音有变化、有感情	声音变化不大、较为有感情	声音很少有变化、几乎没有感情	声音没有变化、没有感情
时间控制	在规定时间内完成	超出一定时间	超出时间较多	几乎不能按时完成	完全不能按时完成
仪态大方	仪态自然大方	有一点点紧张	紧张次数较多	紧张到不能流利表达	紧张到不能表达

二、探究课

（一）探究课模型

项目式学习探究课模型如图 3-9 所示。

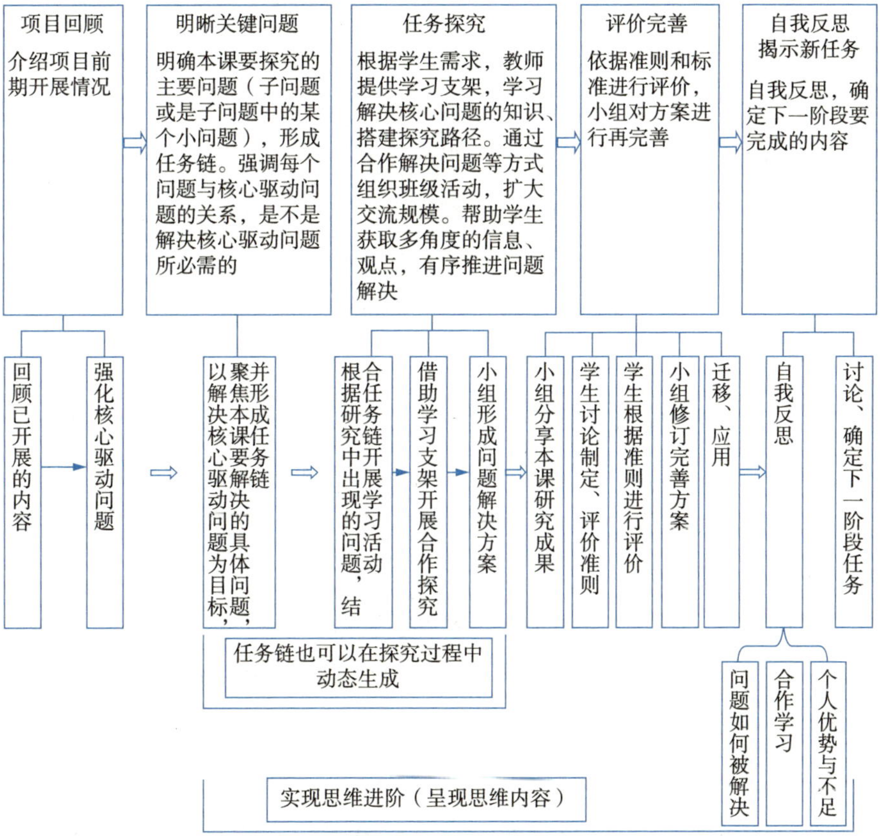

图 3-9 项目式学习探究课模型

1. 探究课说明

探究课是项目式学习中的核心环节之一，它决定了整个项目的推进，项目式学习的真实性与挑战性在这个环节尤为凸显。“探究”二字不仅指向实现项目目标的路径，更指向基于学科素养的知识与能力的再建构以及必备品格的培养。

高质量的探究课意味着项目与学科（跨学科）的新知识紧密相关，有关联才能促使学生主动学习并建构，并把这种学习转化为进一步探究的能量和动力。同时，知识与能力再建构的过程也是学生项目成果不断优化和迭代的过程。

2. 探究过程

如何驱动学生主动去探究？在导引课聚焦核心驱动问题分解问题链的基础上，教师要能将“问题链”有效转化为“任务链”及“产品链”，以解决问题为线索，在任务引领下推动学生的探究实践活动不断做实、做细、做深。这类任务应具有清晰的逻辑关系或知识链关系，贴近学生的最近发展区，并具有明确的成功标准和评价机制。另外，任务链也可以在探究的过程中动态调整生成，这样才更符合项目的真实样态。

在探究过程中，面对学生难以逾越的挑战，教师要根据学生需求提供学习支架，学习解决核心问题的知识、搭建探究路径，组织班级活动，扩大交流规模，帮助学生获取多角度的信息、观点，有序推进问题解决。同时，创设学生阶段性成果与现实生活对接的情境，借助评价标准引导学生不断依据标准进行反复优化与迭代，进而实现思维的进阶。

3. 任务分类

项目式学习中的任务类型多种多样，大致可以分为社会参与类、实践操作类、调查研究类、创意设计类、协作游戏类和数字化项目类六类，不同任务类型探究的内容和具体方式有所不同。在项目式学习实施过程中，教师要根据任务的不同类型、学情的差异等选择合适的引导与组织方式，发挥学生的主观能动性，推动学生探究走向深化，充分体现探究的意义。

（二）探究课支持工具与方法

1. 指导倾听和表达的常用工具

准确运用指导倾听和表达的常用工具，有助于加深项目成员之间的理解和配合，常用工具有倾听“五官 / 肢体”响应表和发言语言模板。

（1）倾听“五官 / 肢体”响应表

倾听“五官 / 肢体”响应表用于记录项目实施过程中五官 / 肢体的响应情况。相关指标如表 3-10 所示。

表 3-10　倾听“五官 / 肢体”响应表

五官 / 肢体	倾听外部表现	
眼睛	看着发言人	
头	懂 / 点头	不懂 / 摇头
面部	通过表情表达理解 / 不理解	
肢体	身体靠近	
	手势表达	

（2）发言语言模板

发言语言模板主要从夸（夸奖）、评（评价）、补（补充）、异（异议）、问（问题）五个维度进行语言表述。发言语言模板如图 3-10 所示。

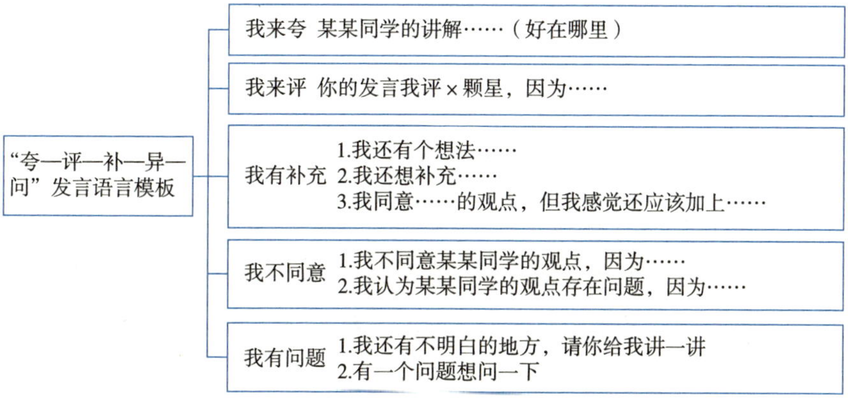

图 3-10　“夸—评—补—异—问”发言语言模板

2. 讨论交流常用工具

（1）发散提效

① 角色圆桌会议

这是一种体验类的沟通交流方式。学生需要了解自己所代表角色（如旅行路线规划师、市场分析师、客户等）的需求，在此基础上，以相应角色的身份参与讨论。经过这样的讨论，一是增强了项目的真实性；二是有助于学生以用户思维进行分析；三是在观点碰撞中能够产生新的灵感，提升项目参与的深度与广度。

②“635”法

三个数字的内涵为：6 个人在 5 分钟内每个人写下 3 个创意，如此循环6次后，在30分钟内可获得108个创意。“635”法是引导学生开动脑筋、相互启发、短时间内产生更多方案的一种“学习支架”。

（2）汇总梳理

① 讨论记录单

讨论记录单（如表 3-11 所示）主要记录每次讨论中伙伴的观点。准确有效地记录能够帮助汇总、分析项目成员的观点并形成最终共识，提高项目实施效率。

表 3-11　讨论记录单示例

讨论次数	伙伴 1 观点	伙伴 2 观点	伙伴 3 观点	最终共识
讨论 1				
讨论 2				

注：讨论规则即轮流说；不打断他人的发言；注意倾听，总结发言含义。

② 气泡图和双气泡图

气泡图和双气泡图（如图 3-11 所示）是一种图形化的工具，多用于展示多组数据或比较不同数据集之间的关系，以直观地比较两组数据的相似性和差异性。

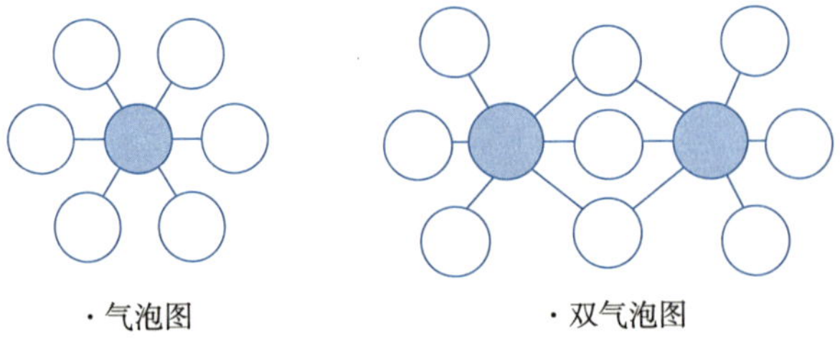

图 3-11　气泡图和双气泡图

③ 思维导图

思维导图较气泡图更复杂，一般通过树状结构来展示信息及其之间的关系。可以用思维导图将众多的信息分类，进行信息整理；同时通过分支来激发新的想法，以帮助从不同角度思考问题；图像、颜色、关键词还有利于增强记忆效果。此工具应用较广泛，此处不再赘述。

（3）突破提效

① 切块拼接法

按照实践和学习将学生进行分组，学生实践的小组称为拼图组，是长期组合；学生学习的小组称为专家组，是临时组合。教师根据拼图组人数，将学习任务分割成若干个模块，每个模块组建 1 个专家组，拼图组的成员分别到 1 个专家组中学习需要的知识，直至熟练，成为该模块的专家，然后回到自己原来的拼图组，运用各自的专项知识合作解决实际问题。该方法能够发挥同质、异质两个小组的特点，帮助学生深入研究问题。“切块拼接法”教研组织形式如图 3-12 所示。

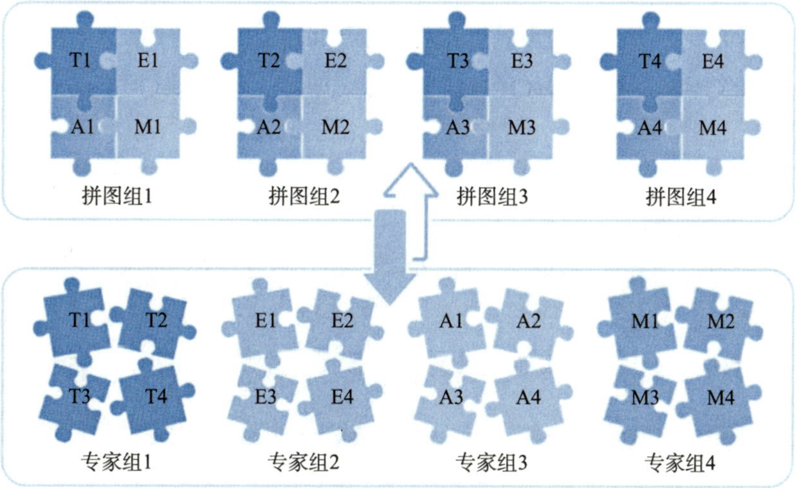

图 3-12 “切块拼接法”教研组织形式示例

② 世界咖啡流程

该工具适用于学生同时讨论不同的话题，且有利于学生将讨论话题与整体项目联系起来，同时鼓励学生在讨论中发现最基本的或最让人振奋的观点并加以传播。

学生分成若干小组，每组人数相同，1 人自荐为桌长组织大家讨论项目中的一个话题，桌长进行记录。之后，本组的组员（除桌长）带着观点依次进入不同小组，参与新组的讨论。小组成员流动起来的方式让讨论角度更多维、更深刻。最后，组员回到本组后带回相关信息和思考，便于深化本组的讨论内容，有利于培养自身的高阶思维。

3. 项目管理的常用工具

（1）进程管理

① 团队日志

团队日志主要用来督促活动进程，记录完成情况和产生的问题。记录方式以文字叙述为主，也可以粘贴照片。日志可以装订成册，也可以制作成海报。团队日志模板如图 3-13 所示。

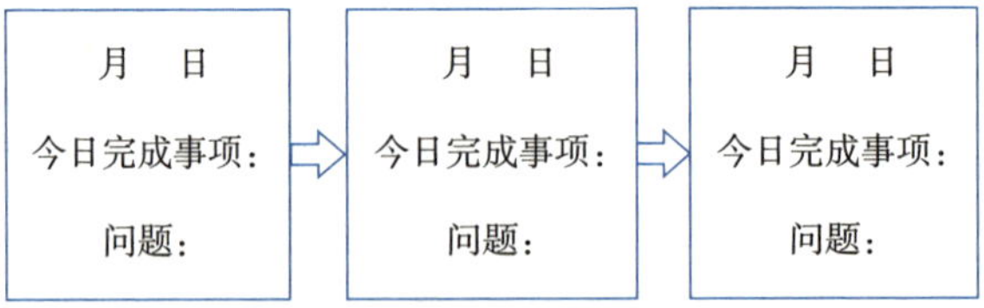

图 3-13　团队日志模板

② 共享文档

学生可以用共享文档的方式收集、分享各自查找到的资料。

（2）改进管理

改进管理常用的项目改进表主要用于记录项目中存在的问题、可以改进的方法和可以寻求的资源与样例等。项目改进表示例如表 3-12 所示。

表 3-12　项目改进表示例

项目中存在的问题	可以改进的方法	可以寻求的资源与样例

4. 过程性评价的常用工具

（1）六顶思考帽

“六顶思考帽”中每一顶帽子都有一种独特的颜色，并以颜色命名。每顶帽子代表一种特定的思维方式，使用者在讨论或思考时，集中精力只考虑一方面，如“戴上”信息帽就只从事实、数据信息、资料方面思考分析。思考者可以依次“戴上”不同的帽子，集中精力从不同角度分析问题。“六顶思考帽”可以加强生生之间有目的的、有逻辑的交流互助，帮助学生更有效地思考和决策。

蓝帽（控制帽）：象征整体观和控制力，管理整个思考过程。

白帽（信息帽）：以事实、数据化信息或资料为焦点，是一种分析处理信息的技巧。

红帽（情感帽）：以感觉、直觉和价值观为焦点，强调了在抉择时感性因素的意义。

黄帽（乐观帽）：象征乐观，预示光明，以价值为焦点，帮助人们发现机会。

黑帽（谨慎帽）：以探讨真实性、合理性和可行性为焦点，帮助人们控制风险。

绿帽（创造帽）：象征可能性、改变和创新，以解决问题为焦点，从而获得创造性的解决方案。

（2）团队评价表

团队评价表主要从评价维度、评价标准、自评、互评和师评五个方面进行评价，其中评价维度可以包括研究态度、智慧贡献、合作能力、沟通能力等。团队评价表示例如表 3-13 所示。

表 3-13 团队评价表示例

评价维度	评价标准	自评	互评	师评
研究态度				
智慧贡献				

续表

评价维度	评价标准	自评	互评	师评
合作能力				
沟通能力				
……				

（三）探究课教学设计

“展区布局我来定——为‘一班一国’展区设计方案”探究课

1. 项目基本信息

项目基本信息如表 3-14 所示。

表 3-14 项目基本信息

项目名称	展区布局我来定——为“一班一国”展区设计方案				
涉及学科	数学、道法、信息科技等	学段	高段	年级	五年级
主要教材	人教版五年级数学上册第二单元 位置				

2. 项目背景分析

（1）项目构思

自 2013 年国家提出共建“一带一路”倡议以来，“一带一路”正不断从理念转化为行动、从愿景转化为现实。为了让学生以小主人的视角放眼观世界，2024 年 7 月丰台一小开展了“一班一国”项目式学习。各班纷纷行动起来，从挑选、确定要介绍的国家开始，学生就开启了探究之旅。这一项目不仅拓宽了学生的国际视野，更促进了他们对多元文化的理解与尊重。为了更好地展示各班的学习成果，丰台一小定于儿童节前夕举办盛大的国际文化节，为各班学生提供一个闪耀的展示舞台。

然而，面对各班精心准备、各具特色的研究作品，一个个问题浮现出来：这些成果该在哪些地方展示？如何将这些丰富多样的成果进行合理分配与布局，以确保每个班级的成果都能获得最佳的展示效果？“如何在校园布局‘一班一国’展区”这一核心驱动问题应运而生。在设计展区布局方案的过程中，从搜集展示国家数据到利用数对确定展区播放器位置，再到规划参观路线，学生不断设计方案、调整方案，直至问题解决。而这一过程不仅让学生深刻领悟了“先规划，后行动”的思维方式，而且培养了学生的数据意识、几何直观、空间观念、创新意识及应用意识。

（2）课标依据

21 世纪是知识爆炸与技术更迭的时代，未来社会更加需要跨学科的复合型人才，学生跨学科知识运用与学习能力的发展对于应对与处理未来社会的不确定性风险与复杂问题显得越发重要。鉴于当前现实问题日益复杂化，《义务教育课程方案（2022 年版）》指出：“加强课程内容与学生经验、社会生活的联系，强化学科内知识整合，统筹设计综合课程和跨学科主题学习。”[①]

提出跨学科主题学习的目的在于通过跨学科主题学习来撬动学科教学变革，真正落实学生的主体地位。《义务教育数学课程标准（2022 年版）》指出，学生将在实际情境和真实问题中，运用数学和其他学科的知识与方法，经历发现问题、提出问题、分析问题、解决问题的过程，感悟数学知识之间、数学与其他学科知识之间、数学与科学技术和社会生活之间的联系，积累活动经验，感悟思想方法，形成和发展模型意识、创新意识，提高解决实际问题的能力，形成和发展核心素养。

（3）教材分析

① 纵向对比分析

小学阶段认识“位置”的教材内容按照“定性描述到定量表达”的

---

① 中华人民共和国教育部. 义务教育课程方案（2022年版）[M]. 北京：北京师范大学出版社，2022：5.

线索编排（如图 3-14 所示），大致分为四个阶段：认识上下前后左右——认识东南西北四面八方——用数对确定位置——用方向和距离确定位置。

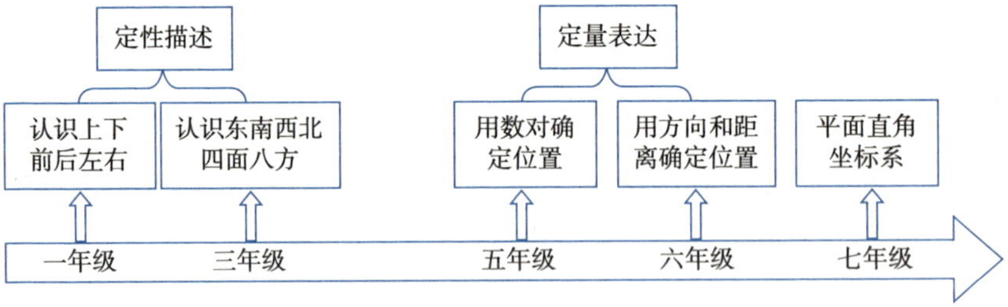

图 3-14　认识“位置”教材内容安排

在第一、第二学段，学生学习基本的空间方位概念，只用一个元素定性描述物体（点）的相对位置，初步发展空间观念；在第三学段，利用两个元素（列和行）定量刻画平面上点的位置，进一步发展空间观念。虽然“位置”内容的编排具有阶段性，但项目组发现无论是用数对确定位置，还是用方向和距离确定位置，它们之间又具有内在的一致性：也就是需要用两个不同维度的数来确定位置，以保证位置确定的唯一性。

② 学习主题分析

新课标把“图形的位置”和“图形的运动”两个主题整合为“图形的位置与运动”主题，提倡用运动的思维看待图形的位置教学，这可以用图形上点的位置变化来刻画。在描述图形位置与运动的过程中，学生逐步形成空间观念、几何直观和应用意识（如图 3-15 所示）。

坐标作为位置与运动的核心概念，不仅能够描述点在平面中的位置，还能够表示图形运动过程。有了这些认识，项目组从宏观上整体把握这个单元，从位置与运动的关系出发，设计了参观路线的任务，让学生在描述行走路线的过程中体会位置与运动的关系。

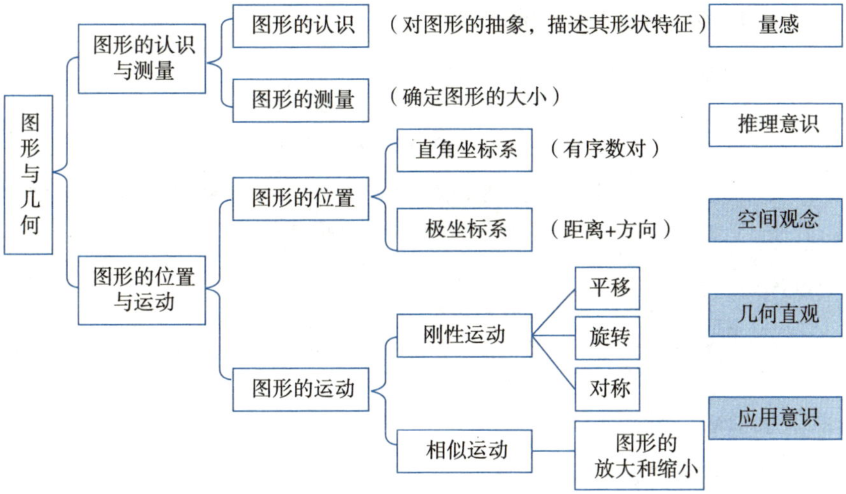

图 3-15 学习主题分析

③ 数学的本质

数学的本质是无论是一维空间、二维空间还是三维空间，数与点之间都一一对应。保证数与点能够建立一一对应关系的前提是建立唯一的坐标系，即参照点（坐标原点）唯一确定、方向唯一确定（规定“从左向右、从下向上”）、单位唯一确定，从而使学生初步体会这样描述位置的精准性、有序性、结构性（如图 3-16 所示）。

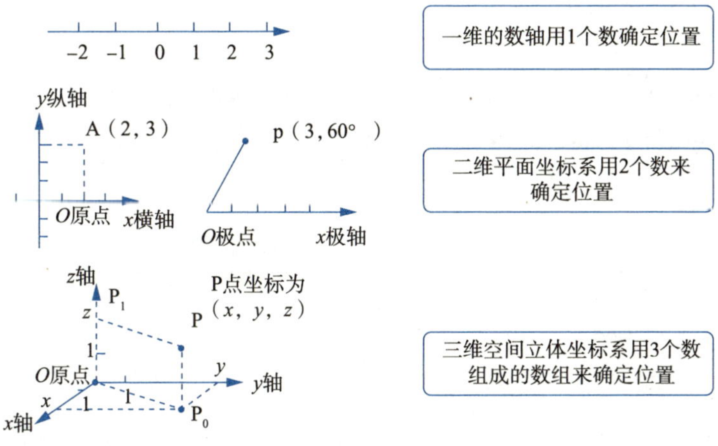

图 3-16 数学的本质

④ 聚焦核心概念及其内涵

核心概念及其内涵如表 3-15 所示。

表 3-15　核心概念及其内涵

内容大观念（学什么）	数对是对坐标的渗透，不仅能描述点和实际生活中物体的位置，还是表达图形运动过程的有效工具
过程大观念（怎么学）	构建二维平面中的行列结构，经历从行列结构抽象出方格图的过程，有助于体会数对与点的对应关系
价值大观念（为什么学）	以上过程有助于学生形成空间观念和几何直观，培养应用意识

（4）学情分析

调研问题示例如图 3-17 所示。

图 3-17　调研问题示例

问题一：芳芳在哪里，你能描述出她的位置吗？有关描述的水平层次划分如表 3-16 所示。

【调研目的】了解学生是否意识到平面内确定物体的位置需要横纵两个维度描述；了解学生对平面内物体位置的描述形式。

表 3-16　描述水平层次划分（问题一）

水平层次	水平 0	水平 1	水平 2	水平 3	水平 4
具体表现	不会描述或描述错误	只用一个元素描述	能用一个元素描述并说清方向	能用两个元素描述但没说清方向	能用两个元素描述并说清方向

分析：面对行列明显的座位图，确定位置的难度并不大。大多已构建出行列模型，只是起点和方向不明确。

问题二：纸上有一只小蜘蛛，你能描述出它的位置吗？有关描述的水平层次划分如表 3-17 所示。

【调研目的】脱离座位这样的生活原型让学生确定平面内一个点的位置，了解学生的思维水平，从而确定学生思维的生长点。

表 3-17 描述水平层次划分（问题二）

水平层次	水平 0	水平 1	水平 2	水平 3
具体表现	对确定位置没有想法	只用一个元素描述	能借助两个不同的要素确定位置	能借助两个不同的要素确定位置，并且描述简洁

分析：对于行列结构不明显的问题，学生解决起来的困难还是较大的，有将近一半的学生不能准确描述位置。学生大多数是用范围或用一个方向的元素来描述大致刻画的位置，很难想到用横纵两个维度来确定位置，同时没有产生画格子，也就是构建行列模型的需求。而那些能够正确描述位置的学生，他们在描述方式上也存在不一致。因此，有必要引导学生进行交流，以确定一个位置描述的标准。

3. 项目目标

（1）项目定义

① 核心驱动问题：如何在校园布局“一班一国”展区？

② 项目最终成果：展区布局设计图、各展区播放器位置图、参观路线图。

③ 成果展示形式：“一班一国”展示区。

（2）学习目标

① 学科素养目标

A. 通过开展数学与“展区布局”结合的跨学科主题活动，能够准确描述物体所在的位置，进而整体构建位置与方向的基本知识，发展空间观念。

B. 经过“一班一国”展区布局项目式学习，在设计、调整和执行方案的过程中，能够发展学生的创新意识和应用意识，让他们掌握做事方法，感受数学学习与现实世界的密切联系。

C. 在小组合作研究中，分工协作，克服困难，推进学习任务，积极与同伴沟通、交流，能够对同伴及自己的学习进行评价，并适时进行反思。

D. 通过参与活动提高对社会生活的关注，深化对“一带一路”的理解和认同，进而增强学生的政治认同，提升民族自豪感。

② 共通素养目标

共通素养目标如表 3-18 所示。

表 3-18　共通素养目标

共通素养目标	文化理解与文化认同	帮助学生形成跨越时空的全球视野，深入理解历史上不同文化间的相互影响与融合过程，培养对多元文化的认同与尊重
	批判性思维与创造性思维	能够根据“展区布局方案、路线设计”提出相关问题； 能够跳出常规思维，设计有理有据、深入人心的方案； 能够主动反思和改进自己的方案设计
	有效沟通	能够关注小组成员，团队协作； 能够清晰表达自己的观点和看法； 能够通过讲解表达自己的理念

（3）PBL 素养目标

PBL 素养目标包括的 CREATE 维度及相应能力表现如表 3-19 所示。

表 3-19　CREATE 维度及相应能力表现

CREATE 维度	能力表现				
□ C-Creativity（创造力）	□ C1	□ C2	□ C3	□ C4	□ C5
□ R-Reflection（反思）	□ R1	□ R2	□ R3	□ R4	
□ E-Evaluation（评估）	□ E1	□ E2	□ E3	□ E4	
□ A-Adaptability（适应性）	□ A1	□ A2	□ A3		
□ T-Teamwork（团队合作）	□ T1	□ T2	□ T3		
□ E-Ethics（伦理意识）	□ E1	□ E1	□ E1		

4. 项目规划

项目规划示例如表 3-20 所示。

表 3-20　项目规划示例

核心驱动问题	总任务			最终成果	总课时	总时长
如何在校园布局“一班一国”展区	为“一班一国”展区设计方案			展区布局图及参观路线图	5	2 周
分解驱动问题	**主任务**	**子任务**		**子成果**	**课时**	**时长**
什么是展区布局？好的设计方案是什么样子的	明确问题、制定标准、制定规划	任务一	明确问题，制定标准	研究方案	第一课时	2 天
		任务二	设计规划方案			
			（课后）开展调查并整理资料			
		任务三	交流和完善数据信息			
如何分区规划	分区布局		（课后）初步绘制“一班一国”展区规划图	分区规划图	第二课时	3 天
		任务四	交流展区分布规划图			
			（课后）调整完善规划图			
		任务五	确定各展区播放器的位置	展区播放器位置图	第三课时	1 天
			（课后）绘制展区播放器位置图			
怎样设计路线	设计路线	任务六	讨论设计参观路线	参观路线图	第四课时	3 天
		任务七	实地演习确定合适的参观路线			
			（课后）调整完善参观路线图			
我设计的方案怎么样	评价反思	任务八	反思活动过程并评价		第五课时	1 大
			（课后）完善过程性资料，并向全校进行推介			

5. 项目实施

（1）回顾任务，引出问题

① 小组汇报，回顾任务

项目引入：同学们，在“一带一路”倡议的蓝图下，我校这学期以

“一班一国”为主题开展了项目式学习。二年级至六年级各班也选择了各自心仪的国家进行深入探索。而学校为了让同学们的成果得到很好的展示，决定在“六一”儿童节召开成果展示会。而我们班则根据学校的招募令，一起确定了项目的主题。那在推进项目的过程中，同学们都做了什么？遇到了哪些问题？又是如何解决的呢？有请 ×× 小组与大家交流一下。

【设计意图】通过小组汇报的形式，让学生回顾和梳理前期的研究历程，从而明确研究主题。

② 聚焦问题，引发思考

提出问题：面对如何与后勤教师描述各展区播放器的位置这一问题，你们打算如何解决呢？

预设 1：先在操场上寻找一个区域。

预设 2：先学会描述一个播放器的位置，这样就会描述各展区其他播放器的位置了。

小结：当面对复杂的问题时，要学会化繁为简。

【设计意图】通过引导学生深入思考“怎么学”，培养学生的规划意识，以及学会想事、做事。让学生在交流探讨中，逐步明确研究的方向。

（2）自主探究，解决问题

① 独立思考，确定位置

出示活动任务：画一画、写一写，描述出泰国展区播放器在操场上的位置。任务单如图 3-18 所示。

请你画一画、写一写，描述出泰国展区播放器在操场上的位置。

【图上1厘米相当于实际10米】

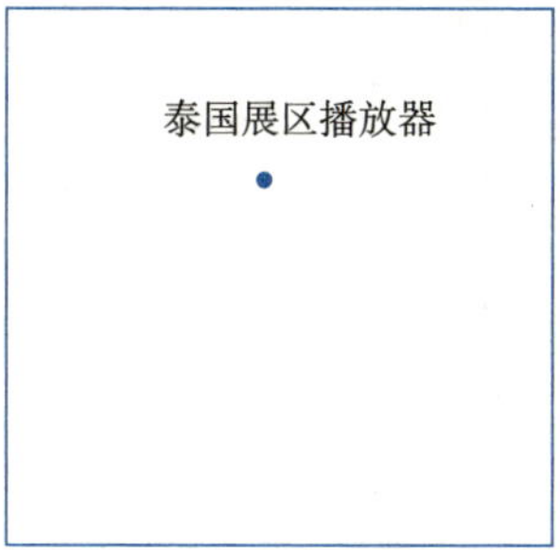

图 3-18 任务单

【设计意图】引导学生积极主动思考，在小组内交流想法，在面对不同的意见时，能理性地进行判断。

② 组内交流评价作品

A. 组内交流评价

核心问题：这几幅作品是否描述了泰国播放器这个点在操场上的位置呢？

展示交流内容：

a. 对于他的作品，你满意吗？满意在哪儿？待改进的建议是什么？

b. 在相应的评价结果下打“√”，派代表将结果贴在表格相应的位置上。

部分学生作品如图 3-19 所示。

B. 全班讨论，确定标准

组织讨论。

问题一：为什么对前两幅作品的满意度不高？

预设 1：无法准确找到播放器的位置，因为这样的描述可以表示很多点的位置。

预设 2：对于第二幅图，只有一个数据，那么表示 30 米的点有太多了。因此，至少需要有两个数据才可以确定。

预设 3：要有长和宽两个数据才可以确定。

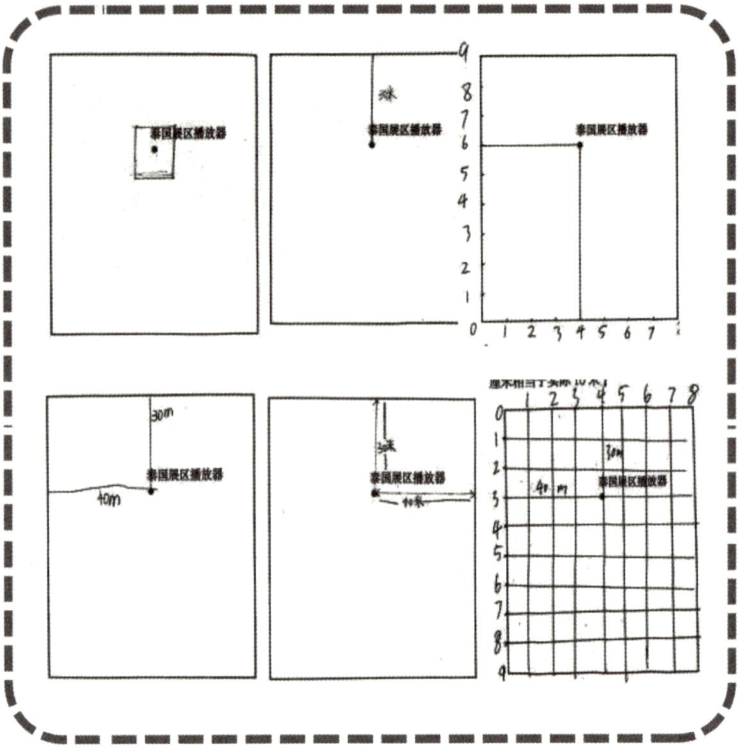

图 3-19　部分学生作品

小结：要想准确描述点的位置，需要有两个不同方向的数据。

问题二：剩下 4 幅作品都能准确描述播放器在操场上的位置，为什么有的评分高，有的评分低呢？

预设 1：表格太麻烦了，两个数据就可以描述。

预设 2：没有标出数据。

问题三：如果将这些准确的作品提交给后勤教师，你认为后勤教师可能会有什么样的反应或感受？

小结：我们在交流中确定了标准，即准确（两个数据）、统一（行、列）。

【设计意图】以“如何描述播放器在操场上的位置”驱动学生主动学习，学生尝试用多种方式描述播放器的位置。在交流中，学生建立确定位置的标准。

③数形结合，描述位置

A. 介绍行、列，以及描述顺序。

B. 组织学生根据规则描述泰国展区播放器在操场上的位置。

C. 组织学生自主描述新加坡、马来西亚等不同国家展区播放器在操场上的位置。

提出问题：在描述的过程中，你们有什么发现或感受？

预设 1：从左往右 40 米，从下往上 30 米。

预设 2：一个一个这么说太麻烦了，可以写成（40，30）。

预设 3：描述的展区越来越多的时候，一条条线像织成了一个网格。

预设 4：描述的位置越多，使用网格辅助越方便。

【设计意图】经过描述播放器位置的这一过程，学生逐渐体会到在确定位置时使用方格展现出的精确性和高效性。

④迁移应用

提出问题：其他展区播放器的位置又该怎么描述呢？你有什么疑问吗？

情况 1：能描述出所有的整数点，对不是整数点如何描述，没有想法。

情况 2：对于不是整数点的位置，能够用小数描述或用细分长度描述。

小结：平面上任意一点都有与之一一对应的数对。

【设计意图】在交流的过程中，学生可以进一步感受平面上的点与数对之间的一一对应关系。

（3）回顾反思

①在今天解决问题的过程中，你们有什么收获？

②让我们带着这些收获，走进下一个任务——设计路线。

【设计意图】通过自我反思，积累活动经验。

6. 项目教学中学生的典型表现与对策

（1）分区规划中的问题及对策

①学校平面图的信息太多，怎么办？

对策：手绘一版平面图，采用 AI 生成与美化。

②怎么让别人直观看出哪些区域是可用的，哪些区域是不可用的？

对策：用涂色的方式来标识，灰色为不可以用的区域，白色则是可用的区域。

③如何合理分配展区呢？

对策：经过小组讨论，学生们提出了五种分配方案：一是按国家分配；二是根据“一带一路”路线分配；三是根据各班的展示形式分配；四是按年级分配；五是按洲分配。

④怎么才能让体验感更好呢？

对策：学生们进行了深入的讨论。学生们提出的方案：一是配置讲解员，但学校人多，很累。二是配置旅游时用到的播放器，但花费太大。三是与机器人社团合作，每个展区放置一个人体感应播放器。最终采用了第三个方案。

（2）设计路线中的问题及对策

怎样用数学方式描述行走路线呢？

对策：

① 迁移二年级学过的“四面八方”知识来描述行走路线。

② 在方向的基础上加入距离。

③ 除了有方向、距离，还要有数对，这样就能确定走到哪里拐弯。

④ 数对可以变成角度，这样用方向、距离、角度就可以确定行走的路线了。

- 附件 1 项目计划表

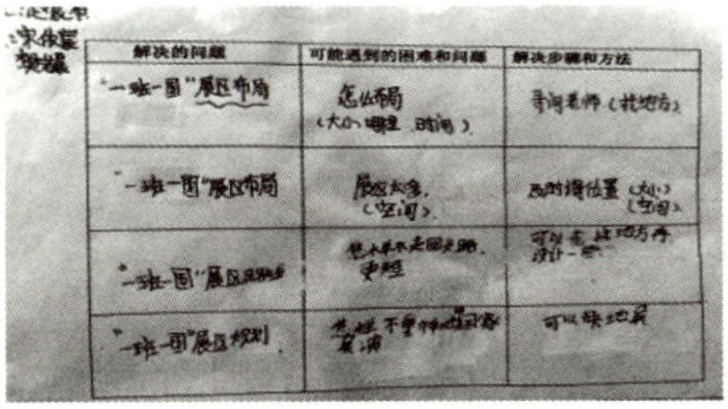

初代 1.0

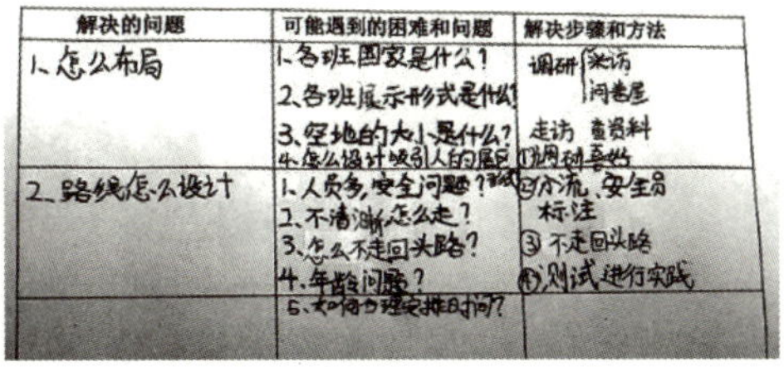

迭代 2.0

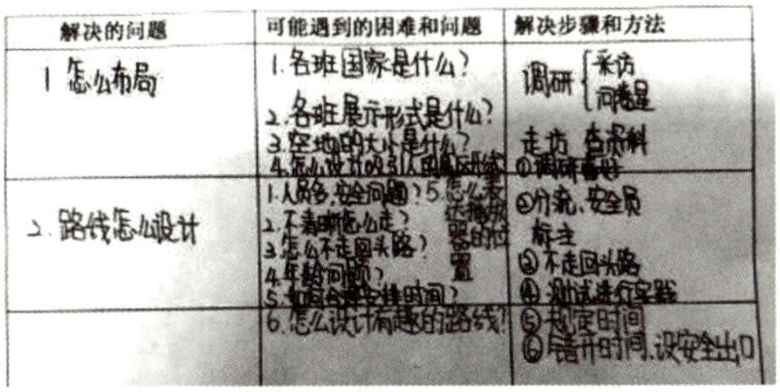

迭代 3.0

- 附件 2 研究方案评价表

研究方案评价表示例

目标维度	评价指标	水平层次		
		水平 1 （前结构 / 单点结构）	水平 2 （多点结构）	水平 3 （关联结构 / 抽象拓展结构）
元认知	制订计划	在制订研究计划时，需要他人指导，只列出几个研究步骤且步骤混乱无序	能够制订较为详细、合理、可执行的研究计划。计划中包含了明确的研究步骤、方法和预期结果等，确保研究工作的有序进行	不仅能够制定详细、合理、可执行的研究规划表，还能将研究任务分解成多个有逻辑关系的子任务，并能对可能遇到的困难进行预设与制定应对措施

- 附件 3 课堂评价表

课堂评价表示例

交流内容
1. 对这些作品，你满意吗？满意在哪儿？待改进的建议是什么？ 2. 在相应的评价结果下打“√”，派代表将结果贴在表格相应的位置上。

续表

交流内容		
满意★★★	较满意★★	待改进★

“校园八景我导览”探究课

1. 项目基本信息

项目基本信息示例如表 3-21 所示。

表 3-21 项目基本信息示例

项目名称	校园八景我导览				
涉及学科	语文、美术、信息科技等	学段	高段	年级	五年级
主要教材	统编版五年级语文下册第七单元口语交际“我是小小讲解员”				

2. 项目背景分析

（1）项目构思

甲子华诞，历久弥新；桃李馨香，造福桑梓。在丰台一小迎来 60 华诞之际，学校五年级教师依托五年级语文下册第七单元的学习内容，围绕单元语文教学重点，引导学生以项目式学习的方式完成导览校园八景的任务。该项目式学习引导学生将学到的景物描写方法、介绍一个地方的技巧迁移运用到介绍校园八景上。此项目式学习以语文学科为核心，力求通过发现、分析、解决问题的方式，帮助学生在实践创新中学会学习，锻炼其语言表达能力，增进其对学校历史、文化的了解与热爱。

（2）课标依据

项目涉及《义务教育语文课程标准（2022 年版）》《义务教育艺术课程标准（2022 年版）》《义务教育信息科技课程标准（2022 年版）》相关内容。就语文课程内容而言，该项目涉及多个语文学习任务群。其中“文学阅读与创意”“思辨性阅读与表达”任务群与该项目的语文要素相呼应，“跨学科学习”任务群与项目式学习的策划和开展相契合。《义务教育艺术课程标准（2022 年版）》中“以平面、立体或动态等表现形式表达所见所闻、所感所想”[①]为项目式学习奠定技能基础。《义务教育信息科技课程标准（2022年版）》中的“信息意识”与该项目涉及的语文要素相契合。

3. 项目目标

（1）项目定义

① 核心驱动问题

在校庆日，如何富有创意地向访客介绍校园八景，从而让他们对丰台一小的校园文化印象深刻？

② 项目最终成果

在校庆日当天，为访客进行景观介绍。

③ 成果展示方式

景观介绍牌、景观介绍词、参观路线图、导览校园八景。

（2）学习目标

① 学科素养目标

A. 把握景物特点，用修辞与表达技巧撰写校园八景介绍词。

B. 设计景观牌，构图、色彩合理，凸显景观特色与寓意，提升审美和表达能力。

C. 依参观者需求规划导览路线并组织活动。

D. 有条理地讲解，控制语气语速，用动作表情辅助，根据听众反应调整内容，灵活沟通。

② 共通素养目标

A. 组内协作，明确目标，借鉴他组长处，合理提建议，完成景观导览。

B. 能够通过评价表对自己和其他人的表现作出合理的评价。

（3）PBL 素养目标

PBL 素养目标包括的 CREATE 维度及相应能力表现如表 3-22 所示。

---

① 中华人民共和国教育部．义务教育艺术课程标准（2022年版）[M]．北京：北京师范大学出版社，2022：8.

表 3-22　CREATE 维度及相应能力表现

CREATE 维度	能力表现				
□ C-Creativity（创造力）	□ C1	□ C2	□ C3	□ C4	□ C5
□ R-Reflection（反思）	□ R1	□ R2	□ R3	□ R4	
□ E-Evaluation（评估）	□ E1	□ E2	□ E3	□ E4	
□ A-Adaptability（适应性）	□ A1	□ A2	□ A3		
□ T-Teamwork（团队合作）	□ T1	□ T2	□ T3		
□ E-Ethics（伦理意识）	□ E1	□ E1	□ E1		

4. 项目规划

项目规划示例如表 3-23 所示。

表 3-23　项目规划示例

核心驱动问题	最终成果	总任务	总课时
在校庆日，如何向访客做好校园景观的介绍	在校庆日当天，为访客进行景观介绍	在校庆日，向访客介绍校园八景	7 课时
如何设计亮眼的景观介绍牌	景观介绍牌	任务一： 设计亮眼的景观介绍牌	1 课时
怎么撰写吸引人的景观介绍词	景观介绍词	任务二： 撰写吸引人的景观介绍词	2 课时
怎么设计合理的参观路线	参观路线图	任务三： 设计合理的参观路线	1 课时
怎么声情并茂地进行景观讲解	导览校园八景	任务四： 声情并茂地进行景观讲解	1 课时

课时规划示例如图 3-20 所示。

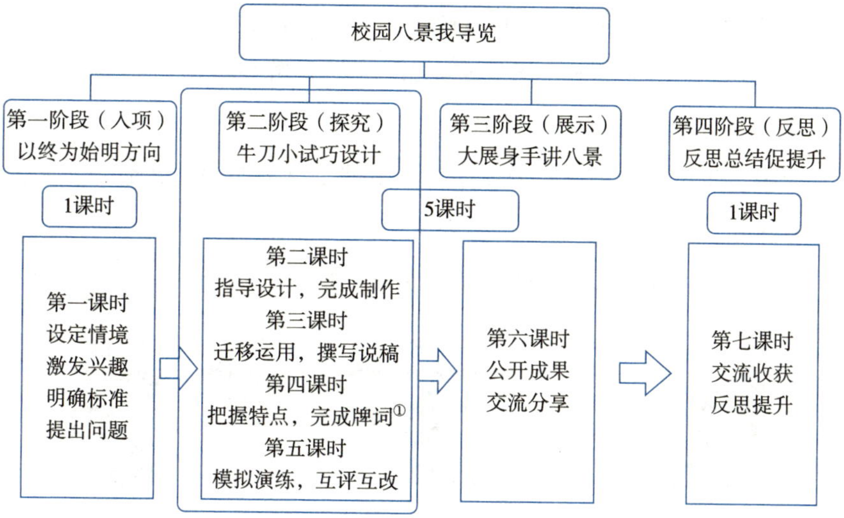

图 3-20　课时规划示例

5. 项目实施

- 室内——方法指导

（1）项目回顾，确定讲解标准

（2）提供支架，方法指导

① 借助学习资料，调整提纲顺序

学生讲解提纲和讲解词示例如图 3-21 所示。

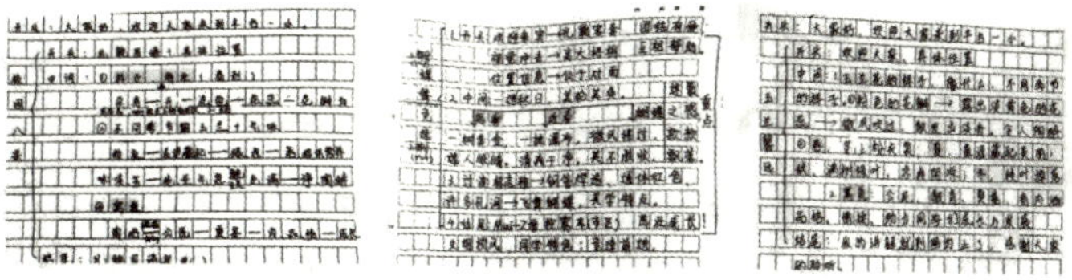

各位游客：

大家好！欢迎大家来到岳阳楼。

首先，请大家看岳阳楼的楼体。整个大楼由四根楠木支撑，自楼底直贯楼顶，再以十二根金柱为内圈，支撑二楼，周围则绕以二十根木柱，彼此牵制，连结为整体。岳阳楼三层三檐，盔顶式木结构。

接下来，大家随我看岳阳楼建筑最具特色的部位——盔顶。请大家抬头向上看，它形似古代将军的头盔，威武雄壮，配以飞檐，曲线流畅，给人以凌空之感。再往下看，盔顶下的如意斗拱，形似蜂窝，层叠相衬，有龙头、凤头、云头纹饰，既承托盔顶重力，又使整个建筑更精美、庄重、和谐。因此，岳阳楼的建筑在美学、力学、建筑学和工艺学方面都有着惊人的成就。

最后，请各位游客随我登楼远眺。“衔远山，吞长江，浩浩汤汤，横无际涯；朝晖夕阴，气象万千”，《岳阳楼记》描绘的洞庭湖的壮观景象，在这里可以一览无遗。我们看，洞庭湖水天相接，浑然一色；清风徐来，无边无际，山色湖光荟萃于楼时，感觉正是“水天一色，风月无边。”

图 3-21　学生讲解提纲和讲解词示例

① 牌词即景观牌上的文字。

② 举例讨论，理解“适当”内涵

启发学生思考：语速、语气要适当。怎么理解“适当”？

③ 专业示范，把握讲解要领

引导学生讨论：要达到借助动作、表情进行辅助讲解这条标准，有什么好方法？

通过讨论梳理讲解手势图（如图 3-22 所示）。

双手打开：真诚介绍　　食指朝上：强调信息　　单手引领：聚焦要点

图 3-22　讲解手势

【设计意图】为学生提供策略型支架，通过分析专业讲解员的动作，理解动作辅助讲解的作用，为学生提供解决问题的方法，从而帮助学生在自己的讲解活动中有效迁移和运用相关知识，以达到能够借助表情、动作辅助讲解的目的。

④ 预测反应，归纳互动形式

总结讲解小妙招，指导学生达到五星讲解标准。

心中有提纲　顺序条理清
吐字要清晰　语速应适当
动作来助力　表情显自然
讲中细观察　适时有互动

【设计意图】预设观众的反应，在讨论中增强学生观察听众反应的意识，并打开解决问题的思路，为后续室外场景练习提供方法指导。

- 室外——场景练习

（1）依据量规，小组练习

教师出示室外场景练习的要求，组织学生明确练习要求。

（2）班级指导，丰富方法

发现问题，重点对“根据观众的反应调整讲解内容”这一标准进行集体指导。

（3）小组复练，评价改进

（4）课后任务

根据五星讲解员评价量规（如表 3-24 所示），学生以小组为单位继续进行讲解练习，提升讲解水平。

表 3-24　五星讲解员评价量规

讲解标准	讲解星级
讲解的时候，条理要清晰，语气、语速要适当	★
可以用动作、表情辅助讲解	★★
根据听者的反应调整讲解内容	★★

【设计意图】在标准的引导下，学生针对产生的问题进行调整与优化。评价型支架的搭建实现了教学评的一体化，使学生的思维进入了思考与运用层面，学科知识在新的情境中进行了迁移，促进了学生从学科思维、活动思维向学习思维的深度发展。

6. 项目教学中学生的典型表现与对策

（1）在设计景观介绍牌的时候，组里同学对设计的形状产生了分歧，怎么办？

对策：小组同学使用投票的方式解决了该问题。

（2）如何设计合理的参观路线？

对策：8 个小组长协商设计参观的路线，并在课前进行实地演练。

（3）如何让自己的景观介绍更加吸引人？

对策：进行讲解技巧培训，如运用生动的语言、肢体动作，设置互动环节提问等；还可以让学生互相观摩学习优秀讲解案例。以小组为单位进行实地练习，借助五星讲解员的评价标准给讲解的学生提出改进意见。

（4）对校园景点历史文化不了解怎么办？

对策：同学通过讨论，商讨出三个方案，即查阅校史资料、访问老教师、开展小组研讨分享活动。

（5）讲解时面对突发状况怎么解决？

对策：收集常见突发状况案例，开展情景模拟训练，引导学生思考应对方法，积累处理经验。

三、展示课

（一）展示课模型

项目式学习展示课模型如图 3-23 所示。

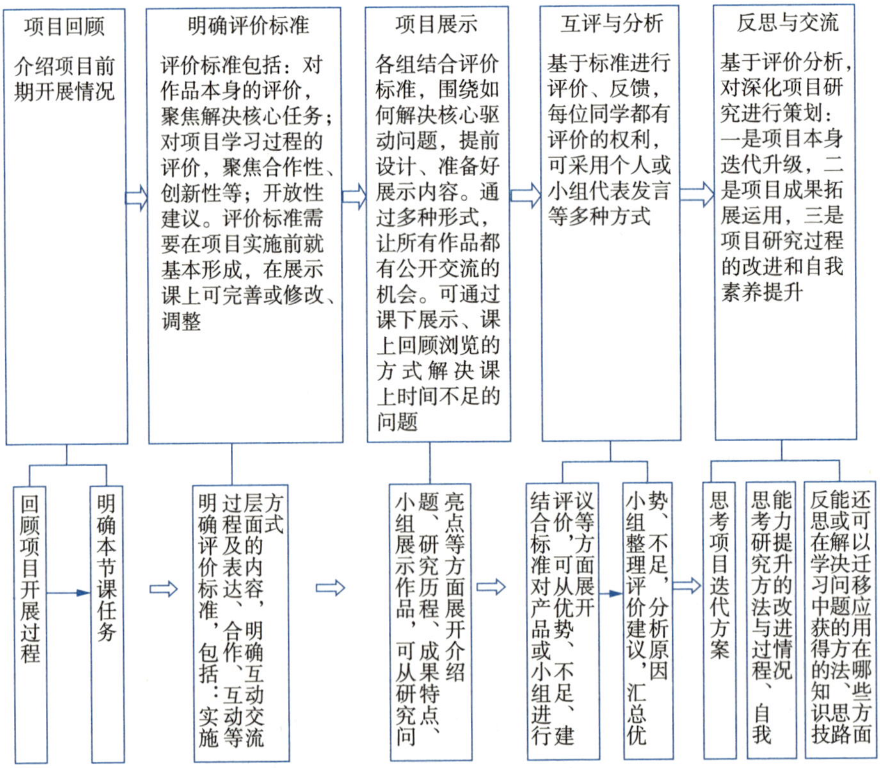

图 3-23　项目式学习展示课模型

1. 展示课说明

展示课是项目式学习的高潮部分，是每个学生的主场。通过展示课，不仅能分享产出成果（或作品）的喜悦、让成果（或作品）的质量得到检验，还能通过对项目过程的展示使学生身心得到发展、总结和积累学习经验。因此，展示方式、评价与复盘反思成为展示课的三个关键要素。

2. 展示课关键三要素

（1）展示方式

成果（或作品）展示方式可以多样，这既符合学生的年龄特点，又有利于培养学生借助自身特长和周边资源，从多个角度及层面去发现、分析、解决问题。经过研究，常用的项目成果（或作品）展示方式分为解释说明和制作表现两类。解释说明类强调“说和写”，包括研究报告、思维导图、海报、倡议书、绘画作品等。制作表现类强调“做和表现”，包括课本剧、主题秀、模型、装置、小视频、数字产品等。

好的展示的核心是好的成果（或作品）。好的成果（或作品），一是能够回答驱动性问题，有过程性的材料作为支撑；二是能够体现作品在迭代升级或突破难点的过程中对核心知识与能力的深度理解与转化；三是能够体现独特性和创造性，体现对自己或他人的影响力。

（2）评价

在明确了什么是“好的展示”后，引导学生感受“好”、感悟“好”的标准成为展示课的重中之重。展示课开课前其实已经形成了评价的基本雏形，通过鱼缸讨论、画廊漫步等方式模拟与真实世界的对话，使学生了解到评价的标准应该是多元的，评价的指标应该是有层次的。作品类型虽然不同，但评价标准的核心是一样的：一是对作品本身的评价，聚焦于核心任务的完成情况；二是对项目学习过程的评价，包括合作性、创新性等。

对于教师而言，教师要善于引导学生发现研究过程中的“问题链”与阶段成果“产品链”间的规划管理，通过预想核心知识在真实情境中要表现的实践样态提升成果质量，以及用数据科学性地描述、评价自己的研究成果。

（3）复盘反思

展示课不是项目的终点。展示课的意义还在于引发新的思考、给予开放性的建议。比如，成果是否解决了实际需求？遇到问题后，掌握了哪些解决问题的办法？在突破难点的过程中掌握了哪些新的知识与技能？在学习中获得的知识技能或解决问题的方法、思路，还可以迁移应用在哪些方面？迎接了哪些挑战，还想研究什么问题？

通过对项目的复盘反思，不仅可以迭代项目，还可以为后续的项目学习积累宝贵的经验，为成长蓄能。

（二）展示课反思交流常用工具与方法

1. 多组或集体的反思交流

（1）画廊漫步

画廊漫步作为一种项目式学习展示和交流的模式，旨在通过互动和分享的方式，促进学生之间的合作、反思和学习。学生将他们的项目成果（如海报、模型、研究报告、艺术作品等）布置在教室或展厅的不同区域，每个区域代表一个小组，并留一人作为讲解员介绍项目内容，其他人员作为参观者，轮流参观每个展示区域，类似于在画廊中欣赏艺术作品。参观者可以提出问题、发表意见或提供反馈，讲解员需要回应并解释自己的作品。通过互动，学生之间可以分享经验、交流想法，促进深度学习。

（2）鱼缸讨论法

鱼缸讨论法可以帮助团队内外圈成员聚焦讨论目标，集思广益，各抒己见。团队成员在内外圈转换的过程中可以充分广泛交流和深度思考，解放思想，激发创新思维，进而促进问题的解决。鱼缸讨论法模型如图3-24所示，内圈为“鱼”，内圈成员在阐述交流小组观点后，邀请外圈倾听的“水”提出建设性的建议或反馈。反馈以“行为 + 事实”为主，“鱼”只能听；听后，对有价值的合理化建议要及时落实或反馈。该讨论法可以内外圈轮换进行。

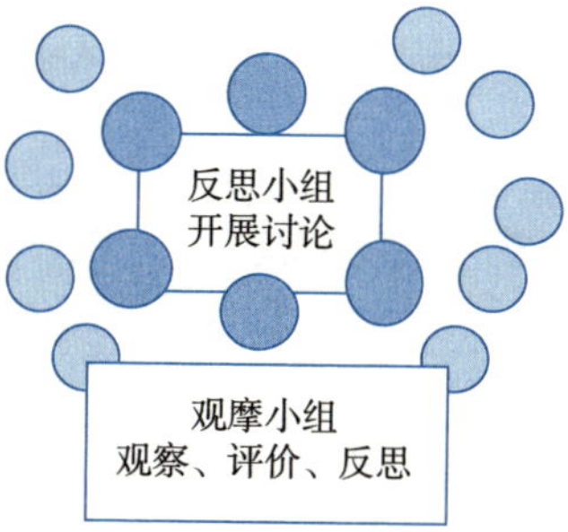

图 3-24 鱼缸讨论法模型

2. 个人或小组反思

（1）SKS 反思模型

SKS（Stop-Keep-Start）反思模型可以作为基础的复盘模型使用。SKS 反思模型示例如表 3-25 所示。

表 3-25 SKS 反思模型示例

停止做	继续做	开始做

（2）成果改进表

通过成果改进表，项目成员可以列出成果中存在的问题、可以改进的方法和可以寻求的资源与样例。成果改进表示例如表 3-26 所示。

表 3-26 成果改进表示例

成果中存在的问题	可以改进的方法	可以寻求的资源与样例

（3）冰火两重天（反思）

通过记录学习过程中个人或集体的精彩瞬间和沮丧时刻等关键事件，引导学生关注自己的情感、态度、价值观，通过与信任的人分享感受，寻求支持与鼓励，在反思中设立新的目标，保持积极乐观的心态，开展进一步的行动计划。反思“精彩瞬间”和“沮丧时刻”示例如图 3-25 所示。

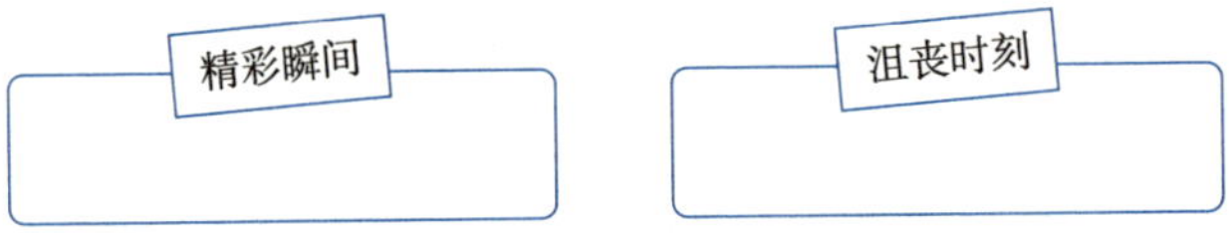

图 3-25 反思“精彩瞬间”和“沮丧时刻”示例

（4）TAG 反馈

T：告诉——你喜欢他们做的哪些部分，如“做得特别好的地方是……”

A：提问——向同伴提出问题，如“你说的……是什么意思？”“为什么是……”

G：建议——给出改进建议，如“需要改进的一点是……”“需增加或减少……”

（三）展示课成果展示样例

1. 展板设计类

展板设计类成果展示，重点培养学生语言表达、信息处理、整体布局等多方面的能力。展板相关内容如图 3-26 所示。

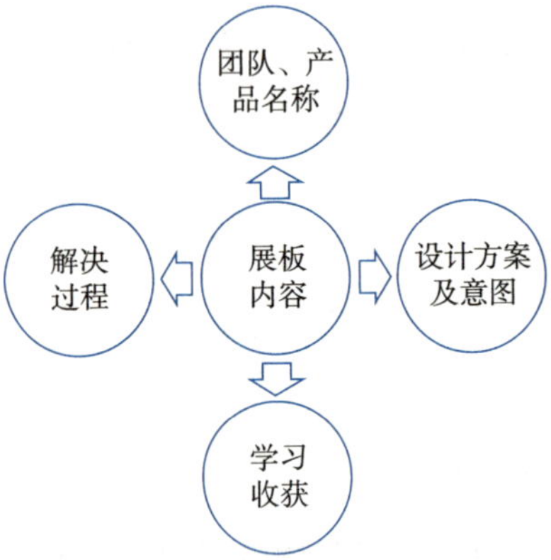

图 3-26 展板相关内容

2. 模型制作类

模型制作类成果展示，重在逻辑清晰、用数据表达，通过演示进行辅助说明。产品模型相关内容如图 3-27 所示。

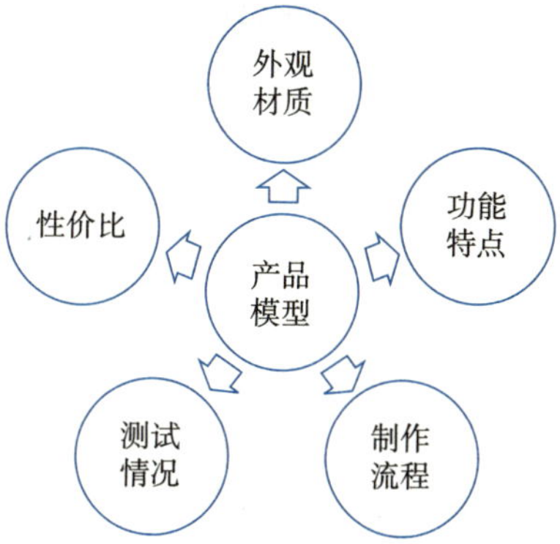

图 3-27 产品模型相关内容

3. 产品推介类

产品推介类成果展示，重在交际及与人沟通，需能用受众群体的身份思考问题，培养沟通能力和应变的协调能力。产品推介相关内容如图 3-28 所示。

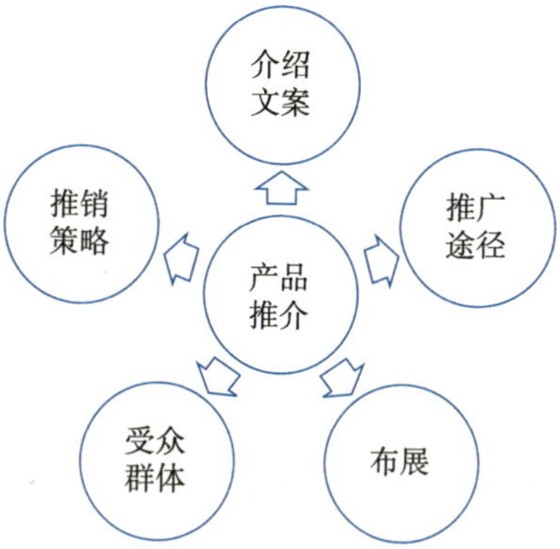

图 3-28 产品推介相关内容

（四）展示课教学设计

“童音绘友谊——中法建交 60 周年音乐会”展示课

1. 项目基本信息

项目基本信息如表 3-27 所示。

表 3-27　项目基本信息

项目名称	童音绘友谊——中法建交 60 周年音乐会				
涉及学科	音乐、美术、信息科技、劳动、戏剧等	学段	高段	年级	六年级
主要教材	人音京版音乐全套教材				

2. 项目背景分析

（1）项目构思

本项目全面贯彻《教育强国建设规划纲要（2024—2035 年）》，落实立德树人根本任务，把高质量发展作为教育的生命线。

中、法两国拥有悠久的文明历史和深厚的文化底蕴。正值中法建交 60 周年之际，丰台一小的法国友好学校将到访进行文化交流。为促进两校学生之间的互动与交往，学校发布了“招募令”，邀请学生亲自设计一场内容丰富、形式多样的交流活动。

在了解了中法建交的历史背景后，学生决定以“音乐会”的形式开展此次活动，展示出中法两国之间的深厚友谊，促进文化交流。

（2）课标依据

基于中共中央办公厅、国务院办公厅印发的《关于全面加强和改进新时代学校美育工作的意见》，本项目以“引领学生树立正确的审美观念、陶冶高尚的道德情操、培育深厚的民族情感、激发想象力和创新意识、拥有开阔的眼光和宽广的胸怀”为指导思想，以《义务教育艺术课程标准（2022年版）》中“了解不同地区、民族和国家的历史与文化传统”及“发展创新思维，积极参与创作、表演、展示、制作等艺术实践活动，学会发现并解决问题，提升创意实践能力”①为依据，结合中法建交60周年主题，自主策划“童音绘友谊”音乐会并进行表演。

通过音乐与戏剧表演、音乐绘本绘制、乐器与海报制作等实践活动，有机融合音乐、美术、戏剧、信息科技、劳动等学科能力，提升学生艺术

① 中华人民共和国教育部．义务教育艺术课程标准（2022年版）[M]．北京：北京师范大学出版社，2022：7.

表现力、创新思维及团队协作能力。以“文化自信”为内核，以“任务驱动”为路径，通过创意实践与成果展示，同步提升学生审美素养、实践能力、社会责任感，塑造积极价值观与集体意识，实现以美润德、以美启智、以美育人的全面育人目标。

（3）教材分析

① 素材选定

A. 音乐教材资源库

从音乐学科全套教材来看，与法国音乐相关的内容有12首，贯穿于三个学段之中。

本项目从音乐教材资源库中选用了《两只老虎》《闪烁的小星星》《童年的回忆》，还选择了具有中国特色的《茉莉花》。

B. 补充素材

除了教材中的作品，还添加了法国乐曲《C大调小步舞曲》《加沃特舞曲》作为舞蹈组表演的素材；以及保留法国童谣《如果我去中国》的旋律，将其歌词进行改编，完成了《如果去法国》的创作。

② 形式选定

A. 演唱

从资源库中选择了《两只老虎》《茉莉花》《如果去法国》，采用轮唱、合唱、齐唱的形式表现歌曲，并尝试运用中法两国语言来演唱。

B. 舞蹈

根据《C大调小步舞曲》和《加沃特舞曲》的音乐特点，进行表演。

小步舞：三拍子舞蹈，体现贵族的矜持与优雅。

加沃特舞：四拍子舞蹈，用轻快的舞步表现了灵动的节奏与旋律。

C. 演奏

跨越时空的《童年的回忆》：在音乐绘本中，学生与法国的钢琴王子理查德·克莱德曼共同演绎《童年的回忆》，进行一场跨越时空的音乐对话。

丝绸之路上的鲁特琴：通过查阅资料了解到中国民族乐器琵琶与丝绸之路上的鲁特琴之间的历史联系。用鲁特琴与琵琶共同演绎《闪烁的小星星》，让中法传统乐器完美融合，为音乐会增添一份特别的艺术魅力。

D. 小型戏剧表演

整场音乐会将通过小型戏剧表演来串联。

③ 跨学科内容选定

《义务教育艺术课程标准（2022 年版）》提到，在艺术教育中要注重多学科、多技能综合，以促进学生的全面发展。

A. 宣传（音乐与美术、信息科技等学科融合）

与美术学科的融合

视觉设计：

★使用符合主题的颜色。如：。

★设计图案和排版时，注意点、线、面的结合，体现层次感。

图形元素：

★加入与音乐相关的图形。如：。

★加入与文化相关的图形。如：。

文字设计：

★选择与主题相符的字体、颜色。

★凸显重要信息（如时间、地点等）。

与信息科技学科的融合

将音乐元素、艺术设计与信息科技学科中的数字绘画、图像处理等知识融合，引导学生运用 Procreate 软件创作具有音乐特色的宣传海报、节目单。

B. 乐器制作（音乐与劳动、美术等学科融合）

与音乐学科的融合

了解乐器构造以及演奏技巧。

与劳动学科的融合

手工制作：学习使用纸板、剪刀、热熔胶枪、超级黏土等工具和材料，进行裁剪、折叠、粘贴等手工制作。

与美术学科的融合

装饰艺术：运用剪纸、拓印装饰手法，对鲁特琴进行美化（如：玫瑰音孔）。

色彩搭配：选择合适的丙烯颜料进行涂装，提升乐器的视觉美感。

C. 综合表演——小型戏剧（音乐与戏剧等学科融合）

与语文学科的融合

学习剧本编写：教师带领学生了解一个剧本应该是什么样的，形成思维导图，并根据思维导图的要素和情节安排剧本内容。

形成剧本：教师收集学生剧本思路，融入法国相关文化，结合音乐会节目内容，组织学生撰写符合儿童语言特点的剧本。

与戏剧学科的融合

角色认知与竞选：根据剧本内容，介绍所需角色类型与人数。通过现场表演、现场投票，选定最终人选。

彩排与合练：教师带领学生做戏剧训练小游戏，例如词语与情绪、肢体语言表达等。熟练后与音乐会节目内容相串联。

D. 音乐绘本（音乐与信息科技、美术、语文等学科融合）

音乐绘本区别于其他绘本，是一种结合音乐和视觉艺术的儿童读物，通过插图和文字讲述故事，同时融入音乐元素，增强阅读体验。

与信息科技学科的融合

数字绘画：运用“Sketchbook”软件进行数字绘画，掌握画笔工具、图层管理、色彩调整等基本操作。

AI 生成：使用“图趣 AI”软件，结合关键词和风格设定生成图像素材。生成的图像可发送至“Sketchbook”软件进行二次创作。

豆包 AI：使用“豆包”软件，使绘本中的人物动起来。

与美术学科的融合

元素选取：选取与绘本故事主题相关的音乐元素。

画面构图：根据故事的情节发展，设计出合理的画面构图。

色彩搭配：选择合适的色彩进行搭配，增强画面的视觉冲击力。

与语文学科的融合

故事提炼：根据故事内容，结合绘本画面，提炼文字。

语言表达：运用恰当的修辞手法和语言风格，提升故事的感染力和可读性。

④ 聚焦核心概念

项目核心概念如图 3-29 所示。

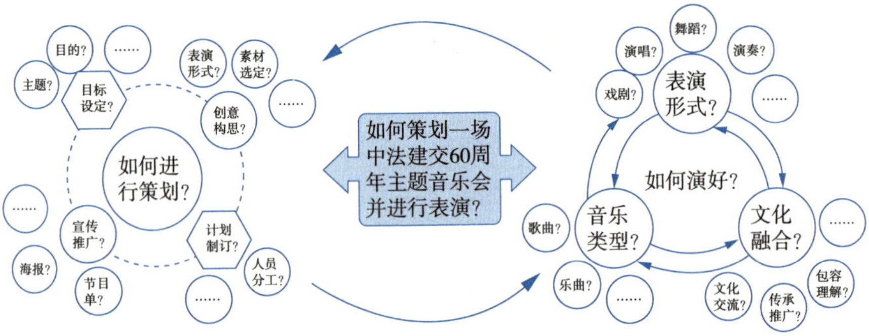

图 3-29　项目核心概念

（4）学情分析

六年级 1 班共有 38 名学生，其中 7 名学生是校合唱团成员，10 名学生是民乐团成员（部分学生同时参与两个社团），整体音乐素养较高，具备一定的音乐表现力和团队合作经验。因此，选择在该班开展“中法建交 60 周年音乐会”项目式学习活动具有显著优势。

在入项课的最后，通过调查问卷进一步了解了学生对法国音乐的认知、兴趣和创意想法。以下是从核心素养四个维度梳理的调查问卷题目，内容如图 3-30 所示，分析如表 3-28 所示。

调查问卷		
审美感知	1.请问下列哪个是音乐教材中的法国作品？（可多选）	A.《闪烁的小星星》 B.《两只老虎》 C.《童年的回忆》 D.《动物狂欢节》 E. 除此之外，我还知道：__________
	2.你认为法国音乐最吸引你的特点是什么？（可多选）	A.旋律优美 B.节奏轻快 C.充满浪漫感 D.其他：__________
	3.你是否喜欢法国音乐的风格？	A.非常喜欢 请写一个理由：__________ B.不喜欢 请简单说明原因：__________
艺术表现	4.你是否会演奏乐器？	A.是 请填写你擅长的乐器和学习时长：例如钢琴/2年 __________ B.否 如果有机会，你愿意在音乐会中表演吗？ □愿意 □不愿意
	5.如果活动中提供法国音乐体验课，你更想尝试什么？	A.学唱一首法语歌 B.用乐器演奏简单旋律 C.编排一段法国风格的舞蹈 D.其他：__________
创意实践	6.你更希望通过哪种形式参与音乐会？（可多选）	A.演唱歌曲 B.乐器演奏 C.舞蹈 D.戏剧或情景剧 E.多媒体创作（如视频、动画） F.舞台设计（绘画、道具） G.其他：__________
	7.如果让你结合法国音乐和中国元素（如民族歌曲、民族乐器），你会设计什么？（例如：用民乐演奏法国童谣）	你的创意：
文化理解	8.关于法国的文化，你知道以下哪些？（可多选）	A.法国著名城市有巴黎、马赛等 B.法国著名音乐家有德彪西、比才等 C.凡尔赛宫是世界五大宫殿之一 D.我还知道：__________ E.都不太了解
	9.你觉得法国音乐和中国音乐最大的不同是什么？（可举例，如乐器、节奏等）	
	10.学习中法音乐文化对你来说意味着什么？（可多选）	A.打开视野，认识世界 B.发现音乐中的历史故事 C.和法国朋友交流时更有话题 D.提升自己的艺术创造力 E.其他：__________

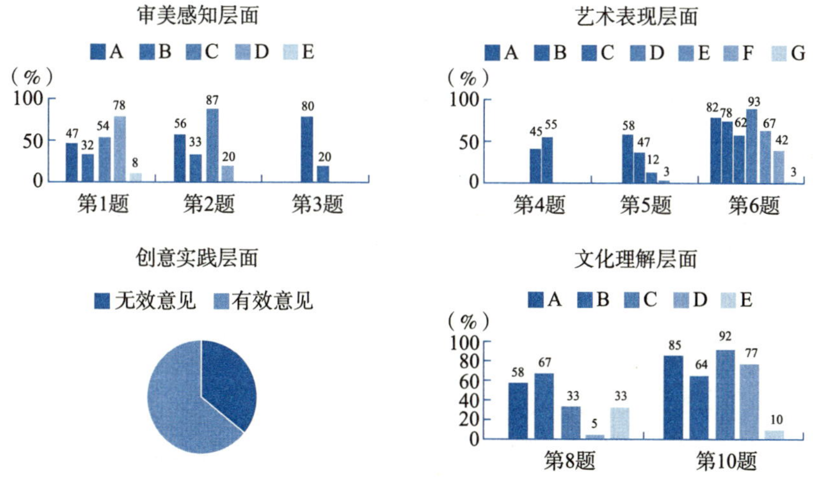

图 3-30 核心素养四个维度的调查问卷及其选择题结果统计

表 3-28 核心素养四个维度的分析

核心素养	学生已有基础	障碍点	发展点
审美感知层面	多数学生能识别《动物狂欢节》为法国作品，认为法国音乐旋律优美、浪漫，能与优雅的场景联系	对《动物狂欢节》以外的法国作品了解较少。对法国音乐缺乏深度理解	从历史、文化、音乐本体等角度，加深对更多法国音乐作品的了解，提升审美感知，加深国际理解

续表

核心素养	学生已有基础	障碍点	发展点
艺术表现层面	学生整体参与意愿较高。45%的学生有乐器演奏经验（如钢琴、琵琶、打击乐等），为音乐会演奏提供了人才支持	学生在舞蹈编排、戏剧表演方面的能力较弱	设计不同分组，如学唱法语歌、乐器演奏、舞蹈编排等，满足不同学生的兴趣、能力与需求
创意实践层面	学生对不同文化的融合表现出开放态度，愿意尝试多样化的艺术形式与表现手法，具备一定的跨文化理解基础	对中法音乐文化的深度理解可能不足，影响融合效果	通过跨学科合作，如音乐、戏剧、舞蹈、劳动，并引入多媒体创作，提升学生的艺术创造力与表现力
文化理解层面	学生对中法音乐体系的基本特征有一定理解，能够认识到文化背景与审美价值的差异，并对法国文化有较强的探索欲望	学生对法国音乐文化的理解较表面，缺乏将文化理解与音乐实践结合的经验，难以将理论知识转化为创造性表达	通过项目式学习，帮助学生深入探索法国文化，理解中法文化差异，引导学生关注音乐与其他文化领域的差异

3. 项目目标

（1）项目定义

① 核心驱动问题：如何策划一场中法建交 60 周年主题音乐会并进行表演？

② 项目最终成果：一场音乐会、音乐绘本。

③ 成果展示形式：现场展示。

（2）学习目标

① 学科素养目标

A. 通过演唱、演奏、舞蹈、戏剧等多种艺术形式，表现法国艺术作品的独特魅力，提升艺术表现能力。

B. 能够运用美术知识设计音乐会海报、节目单等视觉元素，提升创意实践能力。

C. 学生能够运用数字绘画软件、AI 生成工具，提升数字艺术创作能力。

D. 借助身边易得的各种素材，体验制作乐器的乐趣。

E. 学习编写剧本，书面表达流畅、逻辑清晰，能够把音乐会节目串联起来。

② 共通素养目标

共通素养目标如表 3-29 所示。

表 3-29 共通素养目标

共通素养目标	合作	能够与组内同学沟通协作，共同完成音乐会筹备工作； 能够理解团队共同的目标和方向，能够与同伴顺畅沟通，达成共识； 清楚团队角色的划分和自己的职责
	同理心	能够从文化融合的角度思考音乐会的海报设计、绘本制作、乐器制作等
	技术运用	学会使用项目所需的相关软件，利用信息技术手段呈现学习成果
	有效沟通	深度倾听，尊重他人，关注其他同学、教师发布的信息，能够进行反思与反馈； 欣赏文化多样性，包容差异与多元，提升文化自信

（3）PBL 素养目标

PBL 素养目标包括的 CREATE 维度及相应能力表现如表 3-30 所示。

表 3-30 CREATE 维度及相应能力表现

CREATE 维度	能力表现				
□ C-Creativity（创造力）	□ C1	□ C2	□ C3	□ C4	□ C5
□ R-Reflection（反思）	□ R1	□ R2	□ R3	□ R4	
□ E-Evaluation（评估）	□ E1	□ E2	□ E3	□ E4	
□ A-Adaptability（适应性）	□ A1	□ A2	□ A3		
□ T-Teamwork（团队合作）	□ T1	□ T2	□ T3		
□ E-Ethics（伦理意识）	□ E1	□ E1	□ E1		

4. 项目规划示例

项目规划示例如图 3-31 所示。

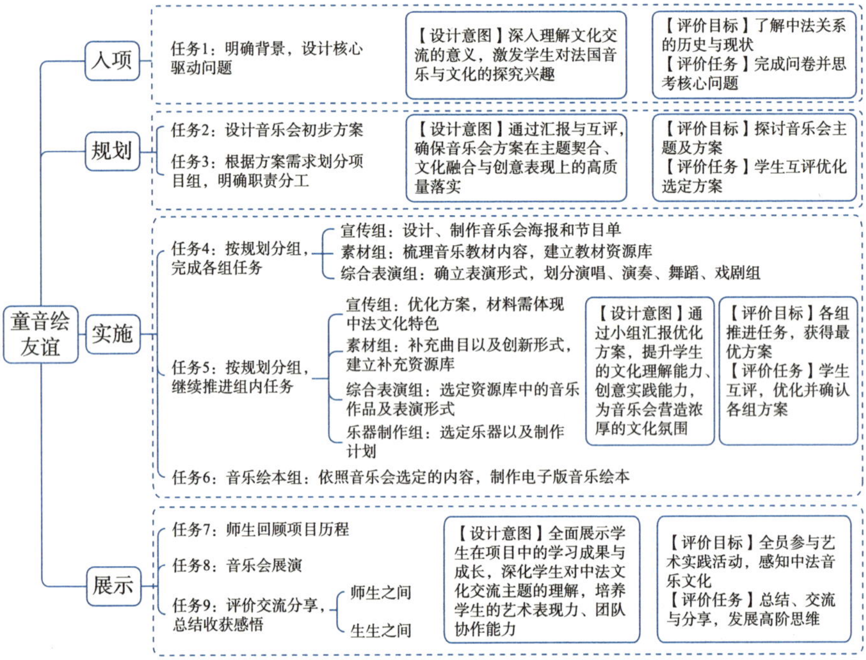

图 3-31　项目规划示例

5. 项目实施

（1）教师讲述，进行课堂导入，带领学生进行项目回顾

① 通过教师讲述，回顾项目历程

★介绍项目背景——正值中法建交 60 周年之际，开展法国友好校的交流活动。

★发布招募令：亲自设计交流活动。

★方案设计：确定以音乐会形式开展，并确定核心驱动问题。

★划分项目组：初步确立三个项目组，即宣传组、素材组、综合表演组。后补充乐器制作组和音乐绘本组，形成五大项目组。

★分小组探究：部分学生身兼数职，展现了团队协作的精神。

【设计意图】简要回顾，帮助学生明确本课时内容要求。

② 教师引导、组织学生汇报

宣传组组长汇报

承担的任务：设计、制作音乐会海报和节目单。

★手绘拟定初稿，再用 Procreate 软件电脑绘制。

素材组组长汇报

承担的任务：建立教材资源库以及补充资源库。

综合表演组组长汇报

承担的任务：表演形式的探究。

★演唱组、演奏组、舞蹈组、戏剧组分别介绍表演形式。

乐器制作组组长汇报

承担的任务：制作一把 1∶1 还原的鲁特琴。

★介绍鲁特琴的基本特征。

★着重介绍鲁特琴背面的制作过程。

音乐绘本组组长汇报

承担的任务：绘制音乐绘本。

★介绍什么是音乐绘本。

★使用“Sketchbook”软件勾勒画面，并将音乐融入其中。

★对剧本进行梳理，提炼文字精华。

★使用“豆包 AI”让绘本人物动起来。

【设计意图】通过分享和交流，促进各组之间的经验借鉴与反思，提升各组整体学习效果和学生的团队协作能力。

（2）音乐会正式开始

音乐会照片精选如图 3-32 所示。

图 3-32　音乐会照片精选

画外音开场

在这宁静的夜晚，小女孩的梦境里，一场奇妙的中法文化音乐会悄然开启……

第一幕：小梦仙与小女孩的戏剧表演，引出第一个节目——《两只老虎》。

第二幕：小梦仙与小女孩的戏剧表演，引出第二个节目——钢琴独奏《童年的回忆》。

第三幕：小梦仙与小女孩的戏剧表演，引出第三个节目——舞蹈《小步舞》《加沃特舞》。

第四幕：小梦仙与小女孩的戏剧表演，引出第四个节目——乐器重奏《闪烁的小星星》。

第五幕：小梦仙与小女孩的戏剧表演，引出第五个节目——歌曲《如果去法国》。

第六幕：小梦仙与小女孩的戏剧表演，引出第六个节目——歌曲《茉莉花》，以此结束整场表演。

播放花絮小片，引出学生对法国的喜爱之情。

谢幕表演：以小组为单位谢幕，为音乐会增添了庄重的仪式感，表达了感谢与尊重，与观众进行情感交流及互动。

【设计意图】通过实践展示学生对法国音乐的理解与表现力，提升学生的音乐素养和舞台表现能力。

（3）评价互促

①学生代表进行总结、现场采访。

②学生分享参与感受。

③教师总结。

【设计意图】通过学生之间、师生之间的反馈与反思，促进学生音乐表现力的提升和音乐素养的深化。

6. 项目式教学中学生的典型表现与对策

（1）在设计音乐会海报时，如何确保既能体现中法文化融合，又能吸引观众眼球？

对策：首先，可以从色彩上入手，选择法国国旗的蓝、白、红三色与中国的红、黄等传统色彩进行巧妙搭配，形成鲜明的视觉冲击。其次，在图案设计上，将法国的标志性建筑与中国传统乐器元素相结合，体现中法文化融合。还可以通过 Procreate 软件中的图层功能，将以上元素进行叠加和调整，使画面更加丰富和立体。最后，注意文字设计，选择具有艺术感的字体，将音乐会的主题、时间、地点等重要信息放在显眼位置，确保观众一眼就能获取关键信息。

（2）在制作鲁特琴背面时，如何避免材料过重影响现场表演？

对策：在选择制作材料时，要尽量选择轻质的，如泡沫球、超轻黏土等。制作时要确保材料与乐器主体粘贴牢固，避免在演奏过程中出现松动或脱落的情况。可以让负责演奏的学生尝试使用乐器，如有问题，及时进行调整。

- 附件 1 项目招募令海报

项目招募令海报示例

- 附件 2 展示课学习效果评价设计表

展示课学习效果评价设计表示例

评价目标	1. 节目的吸引力和影响力。 2. 收集学生和教师的意见与建议，为改进节目提供参考。 3. 通过评价结果分析，提升教学质量和节目策划水平
评价内容	1. 学生评价。 ★印象最深刻的节目：学生描述自己印象最深刻的节目及其原因。 ★意见与建议：学生对节目的整体感受、改进建议和未来期望。 2. 教师评价。 ★节目效果反馈：教师对节目整体效果的评价，包括学生的参与度、节目的创意性和教育意义。 ★改进建议：教师对节目策划、组织和执行的改进建议

续表

评价方式	1. 评价互促：使用“评价互促卡”收集学生和教师的反馈。 2. 现场评价：在节目结束后，组织学生和教师进行现场评价，分享对节目的看法和建议
评价结果	1. 学生现场评价：多数学生对舞蹈节目印象深刻，原因是舞蹈节目具有创意性、可观性。 2. 教师评价互促卡反馈： 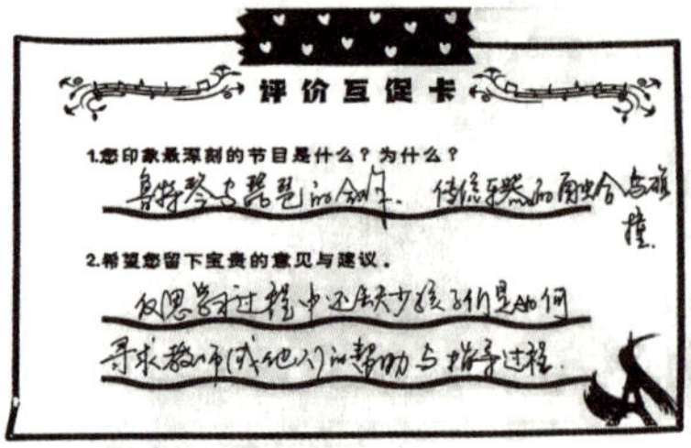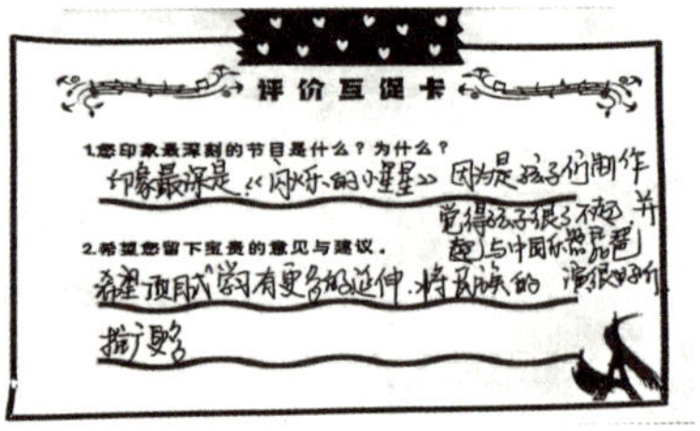 共 30 名教师参与了评价。 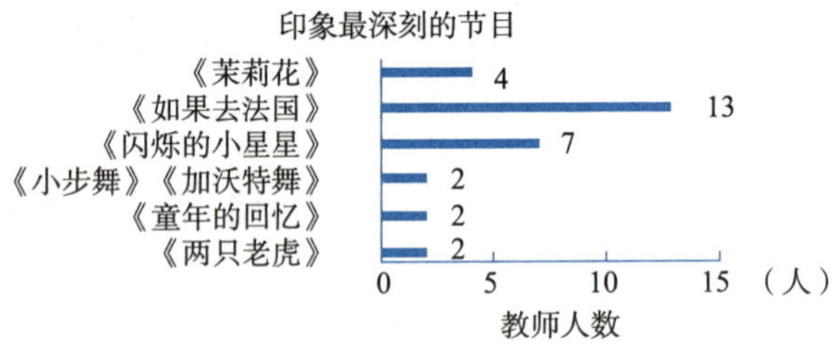 多数教师对《如果去法国》《闪烁的小星星》两个节目印象深刻，这两个节目展现的中法音乐文化的交融点具有创新性

四、反思课

（一）反思课模型

项目式学习反思课模型如图 3-33 所示。

1. 反思课说明

反思作为项目式学习的关键环节，贯穿于项目式学习知识建构的全过程。反思分为两类：过程反思和出项反思，聚焦于学生元认知能力与高阶思维的培养。

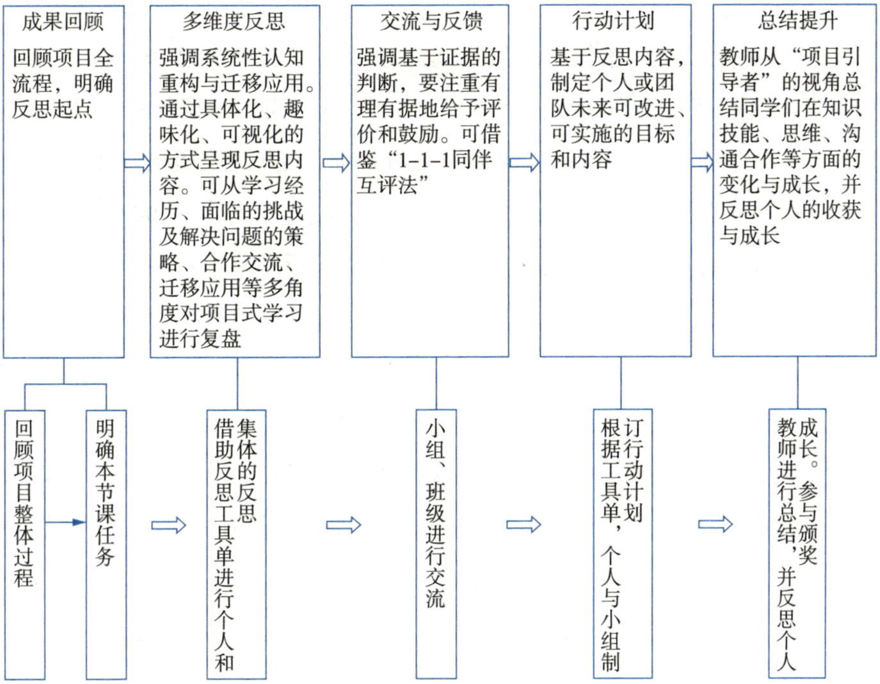

图 3-33　项目式学习反思课模型

过程反思：贯穿项目始终。旨在通过持续校准目标、发现问题、调整策略，促进知识的内化与团队协作。主要培养学生的观察习惯，学会发现问题，培养改进意识。可从知识学习、方案制订、合作交流等多方面进行反思，帮助学生深化对知识的理解与应用，在情绪的控制与表达、项目的监控与管理、团队合作等方面得到锻炼，培养工程思维、批判性思维等高阶思维，促进项目的有效实施。

出项反思：在项目结束后进行反思，强调系统性认知重构与迁移应用。旨在通过多维度复盘，建构整体认知，分析成长轨迹，掌握可迁移的方法，提升学生认知水平。出项反思可以从多维度展开，如对学习经历的整体评估、面临的挑战及解决问题的策略、合作交流、迁移应用等，进而对整体项目式学习进行复盘。

2. 主要环节

反思课主要分为五个环节，即成果回顾、多维度反思、交流与反馈、行动计划、总结提升。

在“成果回顾”环节，师生共同回顾从项目启动到成果产出的全流程，以“过程可视化”“认知显性化”为目标，呈现从问题锚定到价值实现过程中学生的思考与行动。可通过观看视频、绘制思维导图、分享交流等方式展现方案迭代的过程、小组合作的瞬间等，让学生对认知发展、思维进阶、情感体验等方面的认识更深刻，为后续反思复盘打好基础。

“多维度反思”环节是反思课的核心。学生利用工具单，特别是“反思单”，对个人的学习过程展开结构化的回顾与总结。“反思单”可帮助学生梳理“关键事件”“认知冲突点”“与生活关联性”，促进深度反思，实现知识的内化与拓展，重构认知体系。反思可以有文字、图文并茂、思维导图、视频等多种形式，旨在清晰地呈现学生的自我分析，激发学生的内在潜能，促进学生的自我认知与成长。

在“交流与反馈”环节，学生和教师之间的互动能够帮助学生更全面地审视自身表现，发现潜在问题，明确改进方向。通过同伴互评，学生能从不同视角获得反馈，拓宽思维，提升反思深度。在同伴互评的过程中，教师要注重培养学生的批判性思维及交流沟通的能力。学生可采纳“1-1-1 同伴互评法”，即每位学生在评价他人时，需明确指出一个优点、一个建议、一个想知。通过这种交流方式，学生可以学习如何有理有据地思考、基于证据进行评价，学生之间还能建立友善互助的良好关系。

“行动计划”环节是学生对自己和团队的未来成长及发展制订有指导性的目标和计划。本环节的内容建立在前几个环节之上，学生对整个项目式学习有了系统的思考，对自身优势和不足有更清晰的分析认识后，设定成长目标，持续优化自身能力，激发成长的内驱力，形成良性循环。

“总结提升”环节主要是教师从项目引导者的视角，结合质性数据（反思日志）与量化数据（任务单完成度）分析项目成效，通过可视化的方式为学生展示他们在思维、解决问题的方式、人际交往、知识结构等方面的成长变化。例如，通过对比“探究阶段”与“展示阶段”的作品，说明学生系统思考水平的提升，帮助学生更加系统地了解项目式学习对自己和团队发展的意义。除此之外，该环节还可以设置“颁奖”环节，教师通过设立各种“小奖章”激发学生的学习兴趣。需要注意的是，奖章的设置可以在项目开始时和学生共同商议，形成共同认可且与项目目标一致的标准。

（二）反思课反思工具与方法

为提升反思效果，可借助思维导图、学习日志等工具，系统梳理学习过程。教师应引导学生全面评估项目优势、劣势和机会，明确改进方向。

1. 个人反思单

（1）“收获”反思单

该反思单侧重分析自己的优势与不足，以及在团队合作方面的经验与收获。与此同时，关注知识的迁移应用。“收获”反思单示例如表 3-31 所示。

表 3-31 “收获”反思单示例

我能做得很好的事情	我需要提高的部分	哪些知识或方法可以在生活、学习中应用	我在团队中为集体做了哪些事	整个学习给我带来的感受

（2）“四维度”反思单

设计参考了“经验学习循环”，通过“收获—努力—迁移—改进”四维度，帮助学生将具体经验抽象为理论通用策略。“四维度”反思单示例如表 3-32 所示。

表 3-32 “四维度”反思单示例

我最大的收获（知识、技能、朋友等）	
我做过的最大努力（过程和方法）	
我的收获如何运用在生活和学习中	
我还想提升自己的哪些方面	

（3）成长单

成长单主要制订某方面的提升计划。成长单示例如表 3-33 所示。

表 3-33　成长单示例

我 / 我们在提升自己________________方面，有个小计划：

我的目标	问题分析（优势和不足）	具体措施

（4）五环评价法

在五环评价法中，金色、蓝色、绿色、红色和紫色五种颜色分别代表不同含义，它能够为项目式学习提供一个结构化的评估框架，帮助学生更好地实现学习目标，同时促进学生的全面发展。不同颜色的含义如下。

金色：我学会新的知识。

蓝色：我会使用新的工具。

绿色：我帮助了几个人。

红色：我想到了几个妙招。

紫色：参与项目式学习后，我发现了自己有……优点，这些优点在日常生活中可以起到哪些积极的作用。

2. 团队评价表

团队评价表主要从不同评价维度、依据相应评价标准，进行自评、互评和师评。团队评价表示例如表 3-34 所示。

表 3-34　团队评价表示例

评价维度	评价标准	自评	互评	师评
研究态度	积极主动地参与研究，能按时完成研究任务，兴趣浓厚，求知欲强			
批判性思维	敢于提出问题，有自己的思考、见解，能迭代优化方案、模型			
合作能力	能顺利组建小组，组内分工明确，积极参与讨论及探究，能与同伴合作解决问题			

续表

评价维度	评价标准	自评	互评	师评
沟通能力	能清楚地进行语言表达，分享思路、问题以及解决方案			
创新能力	能积极地思考问题，分析测量、检测数据，能优化方案甚至模型			

（三）反思课教学设计

“巴拿马运河——连接世界的桥梁”反思课

1. 项目基本信息

项目基本信息如表 3-35 所示。

表 3-35 项目基本信息

项目名称	巴拿马运河——连接世界的桥梁				
涉及学科	综合实践、语文、信息科技、美术等	**学段**	中段	**年级**	三年级
主要教材	部编版三年级语文下册第一单元口语交际“春游去哪儿玩”				

2. 项目背景分析

（1）项目构思

丰台一小注重爱国主义教育，以大思政理念贯穿教育教学全领域。近年来，学校积极探索项目式学习的研究与实践，以“一带一路”倡议为背景，通过“一班一国”的项目式学习，引导学生了解中国与“一带一路”共建国家的友谊故事，了解这些国家的风土人情，拓展学生国际视野，增强其爱国之情。

本项目的授课班级是三年级 2 班，在和学生商量的过程中，学生们想选择一个从来没有去过、陌生又神秘的国家，通过项目式学习揭开它的面纱，于是便选择了巴拿马共和国。项目初期，教师首先带领学生查阅巴拿马共和国的资料，运河、热带雨林等走进学生视野。经过讨论，最终确定了“巴拿马运河——连接世界的桥梁”这个主题。

（2）现实依据

学校以“一带一路”为背景，开展了“一班一国”的项目式学习，每个班研究一个国家。学生通过了解“一带一路”共建国家，增强民族意识，拓展国际视野，感受“一带一路”对我国和其他国家的影响。

（3）课标依据

《义务教育课程方案（2022年版）》中指出：“注重培养学生的爱国情怀、社会责任感、创新精神和实践能力。”[①] 强调要强化学科实践，注重在做中学。推进综合学习，探索项目式学习等综合性教学活动。

本项目结合了语文、信息科技、综合实践、美术等学科知识。《义务教育语文课程标准（2022年版）》中三年级、四年级“阅读与鉴赏”提出了能联系上下文，理解词句的意思；能初步把握文章的主要内容，体会文章表达的思想感情。“表达与交流”提出乐于用口头、书面的方式与人交流；能清楚明白地阐述见闻，说出自己的感受和想法。《义务教育信息科技课程标准（2022年版）》提出，利用在线平台和数字设备获取学习资源，开展合作学习，认识到在线平台对学习的影响。借助信息科技进行简单的多媒体作品创作、展示、交流，尝试开展数字化创新活动。《中小学综合实践活动课程指导纲要》提出，从学生的真实生活和发展需要出发，从生活情境中发现问题，并将问题转化为活动主题，通过探究、服务、制作、体验等方式，开设培养学生综合素质的跨学科实践性课程。使学生通过动手操作实践，初步掌握手工设计与制作的基本技能。《义务教育艺术课程标准（2022年版）》提出，能运用传统或现代的工具、材料和媒介，创作平面、立体或动态等表现形式的美术作品，表达自己的所见所闻、所感所想，学会运用视觉形象的方式与他人交流。

---

① 中华人民共和国教育部．义务教育课程方案（2022年版）[M]．北京：北京师范大学出版社，2022：4.

（4）学情分析

三年级学生刚刚升入中年级，能够阅读短篇文章，并能够提取关键信息。但他们总结、归纳信息的能力不足，逻辑思维尚未建立。在合作方面，三年级学生具备能够清晰表达、友善沟通的优势，在合理分工方面需要加强。随着电子技术的发展，三年级学生在日常生活中已经广泛接触电子设备，能够通过网络查阅简单的信息，但对信息真伪和科学性的甄别能力需要进一步培养。在艺术设计和动手制作方面，三年级学生通过美术课学习，对色彩有了初步认知，并学会了设计盒子、指示牌等物品的方法，具备简单的设计知识和动手制作的能力。

3. 项目目标

（1）项目定义

①核心驱动问题：如何在元旦展示活动中向同学们介绍巴拿马运河。

②项目最终成果：巴拿马运河模型、PPT、连环画、海报……

③成果展示方式：在班级展示会、全校展示中为同学们介绍。

（2）学习目标

①结合工具单和自己的实践进行自我反思，能够清晰地了解自己的优势与不足，找到努力的路径。

②学习客观、有理有据地表达观点，能够和同学之间友善互动，建立良好的同伴关系。

③通过反思、交流，培养系统化思维和逻辑思维，提升自我认知，激发学习成长的内驱力。

（3）项目规划和流程设计

项目规划示例如表 3-36 所示。

表 3-36　项目规划示例

项目规划（表格、结构图或文字描述三选一）			
核心驱动问题	最终成果	总任务	总课时
如何在元旦展示活动中向同学们介绍巴拿马运河	巴拿马运河模型、PPT、连环画、海报……	完成对巴拿马运河的探究，并为同学们介绍	10 课时

续表

分解驱动问题	主产品（里程碑）	主任务	具体课时安排
为什么选择介绍巴拿马运河	巴拿马运河资料库	任务一：全面了解巴拿马运河，找到巴拿马运河最具特色、影响力最大的方面	2 课时
巴拿马运河有哪些方面值得介绍	查询巴拿马运河资料，完成任务单，整理巴拿马运河亮点推荐单	任务二：全面查询巴拿马运河的资料（包括历史、位置、特点、意义及影响等）	5 课时
		任务三：确定巴拿马运河最值得介绍的部分，整理资料	
用什么方式介绍	巴拿马运河模型、连环画、PPT……	任务四：确定介绍的方式，制订方案	3 课时
		任务五：产品制作、发布	
		任务六：项目反思	

流程设计示例如图 3-34 所示。

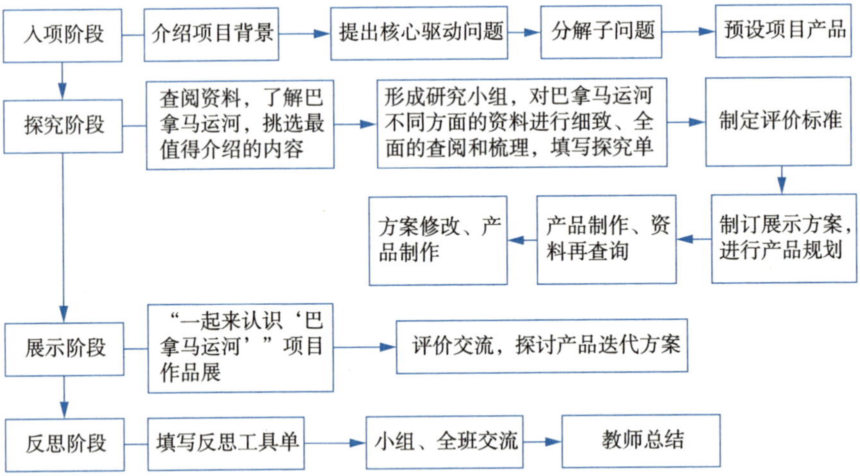

图 3-34　流程设计示例

4. 项目实施

（1）成果回顾

视频短片《巴拿马运河探究之旅》。

【设计意图】此环节通过视频短片呈现项目开展的整个过程，分阶段展示学生们的活动与产品，为后面的环节打好基础。

（2）多维度反思

① 用思维导图或者连环画梳理学生在项目式学习中印象最深的部分和最大的收获。

A. 教师提示思考范围，引导学生从多角度进行反思。

B. 核心词选择范围：项目式学习；我的收获；我学习的新知识；难忘的合作……

② 撰写反思单。

按照反思单的内容，学生回顾自己的学习经历并尝试归纳总结。

【设计意图】本环节是反思课的核心部分，通过引导学生进行深入且多角度的思考，帮助学生重构知识体系与经验。在这一环节中，教师应为学生预留充足的思考时间，引导他们从不同视角对学习过程进行全面回顾与分析。通过深入反思，学生能够对以往的学习经历进行系统归纳，发现自身的优势与不足，从而形成完整的学习闭环。同时，这一环节也是帮助学生建立自信心、锻炼自我反省能力的关键阶段，为他们未来的学习与成长奠定坚实基础。

（3）交流与反馈

① 明确交流反馈的方式："1-1-1 同伴互评法"。即每位学生在评价他人时需要提出一个优点、一个建议、一个想知。

② 小组间交流。

③ 班级交流。

【设计意图】在交流与反馈环节，学生通过小组和班级不同层面的互动，在分享与评价中锻炼语言表达和沟通能力。通过倾听他人的反馈，学生能够从多元视角重新审视自己，进一步加深对自身学习过程的理解，从而提升元认知能力。"1-1-1 同伴互评法"不仅为学生提供了思考路径，培养了学生的逻辑思维和批判性思维，还促进了学生之间的思想碰撞，为他们提供了反思与成长的宝贵机会。

（4）行动计划

结合自己的情况，填写“成长单”。

（5）总结提升

① 任务单分析

教师结合学生在项目实施中任务单的完成情况进行分析。

分析角度包括书写、资料全面具体、总结归纳情况。任务单分析示例如表 3-37 所示。

表 3-37 任务单分析示例

小组 / 姓名	书写	资料全面具体	总结归纳	案例
工程师小组	一直很好	查阅资料全面，包括地理位置、历史、运行机制	用图文展示查阅的资料的内容。提炼了重要历史时期	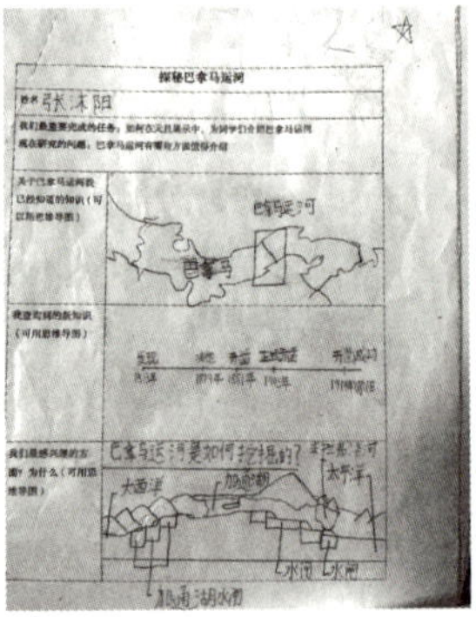 探秘巴拿马运河 姓名 张沐阳 我们最主要完成的任务：如何在元旦展示中，为同学们介绍巴拿马运河 现在研究的问题：巴拿马运河有哪些方面值得介绍 关于巴拿马运河我已经知道的知识（可以用思维导图） 我查询到的新知识（可用思维导图） 我们最感兴趣的方面？为什么（可用思维导图）
飞腾 小组	前： 不够全面	有关巴拿马货船通过运河三级水闸的运行过程查阅得很详细。没有其他关于运行机制的资料	描述了巴拿马货船过巴拿马运河三级水闸的过程，详细、完整	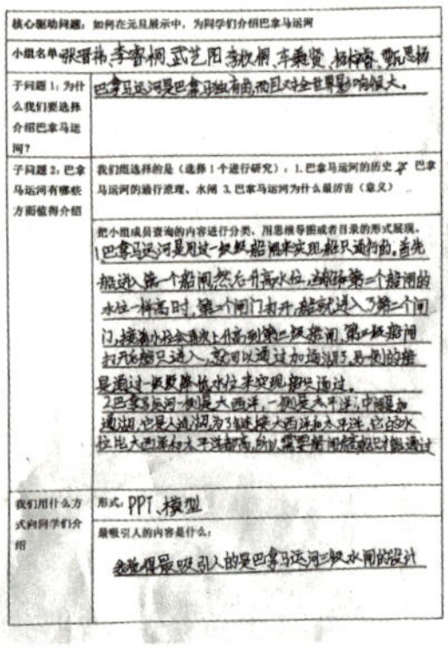 核心驱动问题：如何在元旦展示中，为同学们介绍巴拿马运河 小组名单 子问题 1：为什么我们要选择介绍巴拿马运河？ 子问题 2：巴拿马运河有哪些方面值得介绍 我们组选择的是（选择 1 个进行研究）：1. 巴拿马运河的历史 2. 巴拿马运河的通行原理、水闸 3. 巴拿马运河为什么最厉害（意义） 把小组成员查询的内容进行分类，用思维导图或者目录的形式展现。 我们用什么方式向同学们介绍 形式：PPT、模型 最吸引人的内容是什么：

续表

小组 / 姓名	书写	资料全面具体	总结归纳	案例
飞腾小组	后：规范、整齐	资料更加丰富：增加了闸门的样子（斜切锁式），太平洋、大西洋、加通湖的位置和加通湖的来源	将查询的资料以图文并茂的方式和思维导图的方式展示，清晰明了	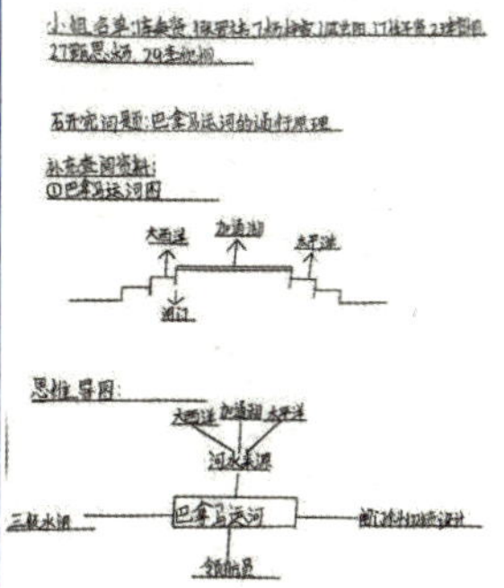

② 学习表现评价

将学生学习过程的照片进行整理，并对学生的学习表现进行评价。评价内容：参与度、学习状态、合作沟通、相互帮助。

③ 颁奖

“探究者”奖章：能够完整参与项目式学习的学生。

“小学者”奖章：资料查询最全、内容准确并能够自己进行提炼、总结的学生。

“小能手”奖章：在设计、制作作品过程中表现优异的学生。

“金点子”奖章：在活动中给出好的建议并被采纳最多的学生。

“小太阳”奖章：在团队合作中，合作最佳的团队。

【设计意图】在总结提升环节，教师结合过程性任务单和学生的学习表现进行深入分析，通过对比学生在项目不同阶段的变化，帮助他们直观地看到自己和同伴的成长与进步。借助对比分析、照片展示等方式，将学生的成长可视化，引导学生以更加理性和客观的视角反思自己的学习表现。在最后的颁奖环节，教师从参与度、思维能力、技能提升、合作精神等多个维度进行多元评价，既增强了学生的自信心，又树立了学习榜样，激励学生相互学习、共同进步。

第四章

项目类型与典型案例

一、实践操作类项目与案例

【案例 1】“植场”小白成长记

丰台一小角门分校校园有丰富的树木和花草，为学生提供了宜人的学习和生活环境。一次学生在操场活动发现，学校操场东部有大面积黄土地没有被利用与开发，与学校整体氛围相差甚远，于是学生开始思考，这块地我们如何改造呢？为了让学生了解植物的生长规律，培养种植能力，感悟生命的力量，同时增进学生与校园之间的感情、培养学生的校园归属感和主人翁意识，学校开展了“‘植场’小白成长记”项目，项目案例框架如图 4-1 所示。

<table>
<tr><td>主题任务</td><td colspan="9">“植场”小白成长记</td></tr>
<tr><td>育人目标</td><td colspan="9">以项目式学习为载体，引导学生了解植物的生长过程，知道植物与环境的关系，以及不同植物的生长需求和特点，提升学生的综合素养，并在实践中体会到劳动的价值与意义。</td></tr>
<tr><td>核心问题</td><td colspan="9">如何在学校有限的空地上进行有效的植物种植？</td></tr>
<tr><td>分解驱动问题</td><td>这块有限的空地有多大？</td><td colspan="3">可以在这块空地上种植哪类植物？怎么合理地对空地进行规划？</td><td colspan="2">如何种植才能让植物成活率高？</td><td>如何维护才能让植物健康生长？</td><td colspan="2">丰收啦！这些果实怎么办？</td></tr>
<tr><td>活动支架</td><td>学习测量工具的使用</td><td>实地勘测</td><td>查找资料了解植物生长周期</td><td>学习如何绘制草图</td><td>专家培训</td><td>实践体验</td><td>学习养护方法</td><td>学习采摘、储藏方法</td><td>了解无公害种植知识</td></tr>
<tr><td>学习评价</td><td>“植场”测量师评价</td><td colspan="3">“植场”设计师评价</td><td colspan="2">“植场”园艺师评价</td><td>“植场”养护师评价</td><td colspan="2">“植场”调查师评价</td></tr>
<tr><td rowspan="2">产品</td><td>空地平面图</td><td colspan="3">种植园空间规划图</td><td colspan="2">植物种植手册</td><td>植物养护手册</td><td colspan="2">果实调研报告</td></tr>
<tr><td colspan="9">《“植场”小白修炼手册》</td></tr>
</table>

图 4-1 “‘植场’小白成长记”项目案例框架

分解驱动问题一：这块有限的空地有多大？

1. 复习测量知识并学习各种测量工具的使用方法和技巧

2. 实地考察，思考空地可以用哪些测量工具

通过实地考察，学生总结出：如果空地面积较大，可以使用卷尺、激光测距仪、手机测量 App 等传统测量方法和移动测量方法；如果空地面积较小，则可使用直尺、三角板等传统测量方法。

3. 依据测量数据计算空地面积

（1）问题提出

学生通过实地考察和测量发现，学校空地上不仅有学过的长方形和正方形，还有一些不规则图形，现有知识无法解决这一问题。

（2）知识迁移

在数学教师的引导下，学生归纳出：面积大的空地，可以把不规则图形转化为学过的长方形、正方形进行估算；面积小的不规则空地，使用“分块法”进行估算，然后分别测量每个小块的面积，最后将它们加在一起，就可以得出空地的面积。

分解驱动问题二：可以在这块空地上种植哪类植物？怎么合理地对空地进行规划？

1. 空地环境我知道

（1）实地勘测

通过切块拼接法将学生分为若干小组，并为每个小组（如光照强度组、土壤检测组、植物生长需求组）分配不同的任务。

（2）交流分析

通过交流分析，学生得出：学校共开辟了三块“植场”，虽然同属于学校但土质、光线等条件相差甚远。

（3）划分“植场”

为了让每块区域都能结出丰硕的果实，学生这样划分了区域并依据环境特点取名为智慧农场、百草园和欢乐谷（如图 4-2 所示）。

“植场”序号	方位	环境	适宜植物种类	“植场”命名
“植场”1	校园东北角	面积开阔，阳光充足，土质好	蔬菜、水果	智慧农场
“植场”2	校园东中部	树多，日照少，树木的根系发达容易挤压土壤	中草药	百草园
“植场”3	校园东南角	前身为沙坑，属于沙土地	谷类	欢乐谷

图 4-2 “植场”划分示例

2. 植物生长周期、习性我探究

为了科学地划分种植地和排列植物顺序，学生开始了一项关于植物生长周期、生长习性的研究。

（1）探究单一植物生长周期及生长习性

学生首先选择了一种植物，仔细研究它的生长过程。在研究过程中，他们发现了一些有趣的规律：有些植物的生长周期及生长习性非常相似。比如，在土壤条件、对光照和水分的需求等方面有很多共同点。于是，学生决定进一步探索这些植物之间的关系。

（2）探寻植物生长周期及生长习性相似的秘密

经过更详细的研究，学生惊喜地发现这些生长周期及生长习性相似的植物竟然同属一个植物科。比如，他们发现黄瓜、南瓜、西瓜同属葫芦科，番茄、茄子同属茄科等，这些植物在生长周期及生长习性上都有很多相似之处。

（3）探究同科植物生长周期及生长习性

学生在教师的带领下开始研究同科植物的生长周期及生长习性，并开始思考该如何利用这一特点合理安排种植顺序，提高种植效率。

3. “植场”空间我规划

学生根据植物科的关系合理安排种植空间和种植顺序（如图 4-3 所示），如排列茄子、青椒、西红柿、黄瓜、草莓、西瓜、花生、红薯等的种植顺序，避免了不同植物之间的生长竞争，提高了种植效率，实现了土地资源的最大化利用和植物的健康生长。

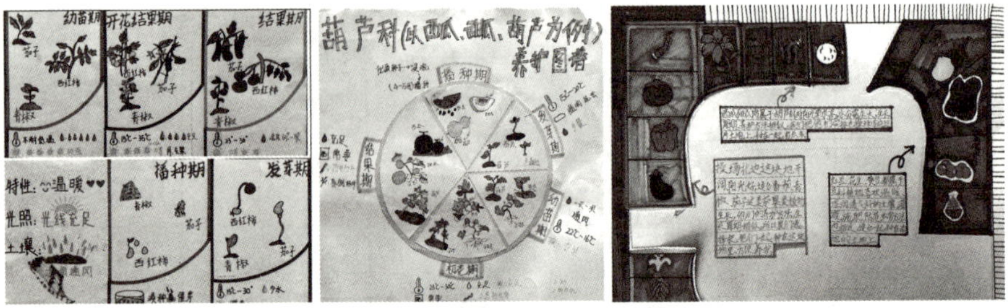

图 4-3 “植场”空间规划示例

分解驱动问题三：如何种植才能让植物成活率高？

1.“入植”培训

聘请中国农业科学院专家到校为学生讲解植物的生长周期、生长习性、播种的技巧以及后续的养护管理。

2.“入植”体验

（1）学生分组进行种植实践，每组负责一种或几种植物的种植和管理。

（2）学生在种植过程中学习并掌握种植技巧和方法。

3.“入植”记录

（1）学生每天对植物进行观察和记录，包括生长状况、病虫害情况等。

（2）学生定期进行数据整理和分析，形成植物生长报告。

分解驱动问题四：如何维护才能让植物健康生长？

以灌溉问题为例。

1. 养护问题

随着夏季的来临，植物需水量显著增加，上午刚浇过水的小苗在烈日下很快便显得萎靡不振。由于学校种植区域广阔，学生需要从教学楼获取水源，再穿过宽阔的操场前往各自的承包区域进行灌溉。在这一过程中，拎着沉重的水桶穿越操场，不仅耗时费力，而且极为不便。

2. 学习灌溉知识

在科学课上，学生了解了常见的灌溉方式，如地下灌溉、滴灌、喷灌等，但经过仔细分析，发现这些方式造价高昂，安装时间长且施工复杂。

3. 制作灌溉系统

首先，依据现有空间设计灌溉系统。其次，依据设计图纸制作灌溉模型。最后，依据设计模型进行设施改造。

学生绘制 / 拍摄的水龙头分布情况如图 4-4 所示。

图 4-4 学生绘制 / 拍摄的水龙头分布情况

分解驱动问题五：丰收啦！这些果实怎么办?

随着果实的不断结出，学生开始进入果实的采摘、储存、管理等环节，并进行与无公害食品对比的相关研究，这些都将为学生们的未来发展和社会适应能力奠定坚实的基础。

【案例 2】假如你是一只蚕

在书法课上，学生对“春蚕到死丝方尽”产生了对生命价值的认知冲突。在科学课上，多数学生虽接触过蚕丝制品，却未观察过蚕的生命周期，对蚕体变化与蚕丝价值存在认知断层。为此，学校开展了“假如你是一只蚕”项目，项目案例框架如图 4-5 所示。

分解驱动问题一：蚕的生存与条件

如图 4-6 所示，分解驱动问题一包括以下内容。

内容一：回顾上节课形成的驱动问题和解决方案。

内容二：讨论“蚕如何出生和生存？”“蚕长大过程中发生什么变化？”“蚕的生命有多长？”等问题。学生介绍以往养蚕经验。

<table>
<tr><td>主题任务</td><td colspan="10">假如你是一只蚕</td></tr>
<tr><td>育人目标</td><td colspan="10">在“假如你是一只蚕”项目中，学生通过参与养蚕的全过程，深化对生命过程的理解，培养细致观察与科学探究能力，同时感悟生命的短暂与伟大，激发对丝绸文化的兴趣与尊重，形成独特的生命价值观。</td></tr>
<tr><td>核心问题</td><td colspan="10">假如你是一只蚕，你会怎样度过一生？</td></tr>
<tr><td>分解驱动问题</td><td colspan="2">蚕的生存与条件</td><td colspan="2">蚕的生长与变化</td><td colspan="2">蚕的生命周期与繁殖</td><td colspan="2">蚕丝的利用与价值</td><td colspan="2">生命的伟大与永恒</td></tr>
<tr><td>活动支架</td><td>学习养蚕知识</td><td>亲历养蚕活动</td><td>观察记录蚕的生长</td><td>比较蚕的变化</td><td>梳理蚕的一生</td><td>绘制手抄报</td><td>制作蚕丝产品</td><td>比较蚕产品的优劣</td><td colspan="2">调查蚕文化的影响</td></tr>
<tr><td>学习评价</td><td colspan="2">养蚕小能人评价</td><td colspan="2">记录小标兵评价</td><td colspan="2">绘制小达人评价</td><td colspan="2">制作小能手评价</td><td colspan="2">文化小使者评价</td></tr>
<tr><td rowspan="2">产品</td><td colspan="2">养蚕知识手册</td><td colspan="2">养蚕观察记录表</td><td colspan="2">蚕的一生手抄报</td><td colspan="2">蚕丝扇等蚕丝制品</td><td colspan="2">丝绸之路资料</td></tr>
<tr><td colspan="10">“假如你是一只蚕”成果展</td></tr>
</table>

图 4-5 “假如你是一只蚕”项目案例框架

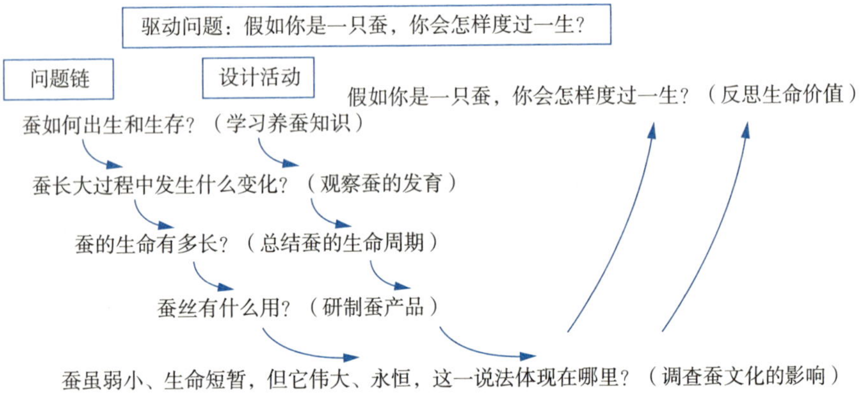

图 4-6 分解驱动问题一的“问题链”和活动设计

学生介绍：蚕是从卵开始生命历程的。幼虫或幼崽会从卵中破壳而出，这就叫孵化。今天，我们一起学习“迎接蚕宝宝的到来”这一课。

活动一：学生观察蚕卵的外部形态，并画图记录蚕卵的样子。

活动二：为蚕宝宝建造一个“家”。

提问：蚕卵在什么条件下有可能孵化出蚁蚕？我们要饲养蚕，应该为蚕宝宝建造一个什么样的“家”？

探究：（出示资料卡）阅读资料卡，小组研讨如何给蚕宝宝建造一个“家”。

小结：用纸盒做个蚕宝宝的“家”（设计图如图 4-7 所示）。

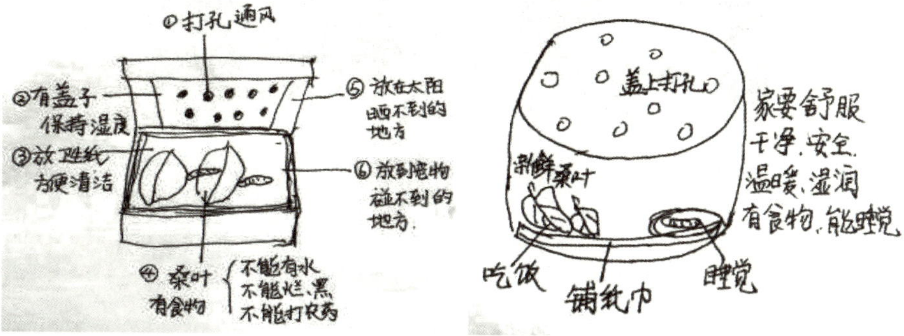

图 4-7 蚕宝宝的“家”设计图

活动三：设计观察计划。

启发学生思考长期观察和做好观察记录的重要性。

指导学生参考教科书中的范例，设计观察计划表。

分解驱动问题二：蚕的生长与变化

活动一：观察蚕幼虫的身体结构。

交流：蚕在生长过程中身体发生哪些变化？身体各部分都有哪些作用？

活动二：观察记录蚕蛹的样子。

比较：蚕蛹与蚕幼虫有什么相同与不同之处？

活动三：观察记录蚕蛾的样子。

认识：蚕蛾的身体结构及行为活动。

学生观察蚕的生长变化并记录，如图 4-8 所示。

分解驱动问题三：蚕的生命周期与繁殖

活动一：展示交流学生的观察记录表。

活动二：说一说蚕的一生要经历哪些阶段？算一算蚕的生命周期是多长？

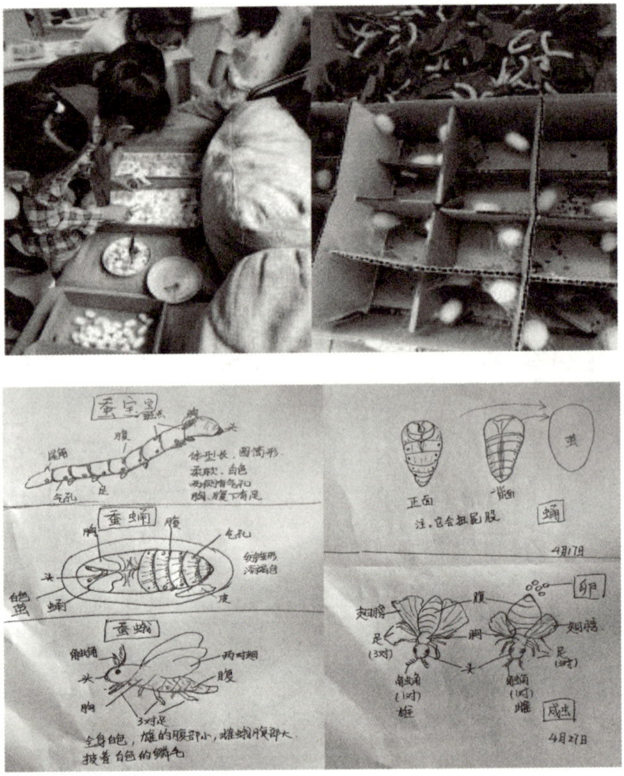

图 4-8　学生观察蚕的生长变化并记录

学生总结得出：蚕一生要经历卵、幼虫、蛹、成虫四个阶段。蚕的一生一般是一个半月到两个月的时间。蚕产卵繁殖后代，生命就一代又一代延续下去。

学生手绘《蚕的一生》作品如图 4-9 所示。

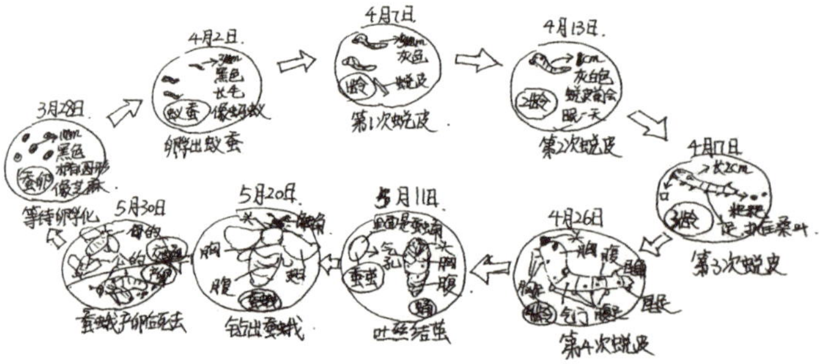

图 4-9　学生手绘《蚕的一生》作品

分解驱动问题四：蚕丝的利用与价值

提问：蚕死后留下的蚕茧有什么价值呢？

活动一：体验缫丝技术。

学生看视频了解缫丝技艺并动手体验缫丝技艺。

活动二：制作蚕丝扇和蚕丝被。

看视频学习制作蚕丝扇和蚕丝被。

活动三：比较蚕丝纤维，了解蚕丝优点。

教师：为什么蚕丝这么轻这么柔软呢？我们再来观察蚕丝，并将其和棉花对比，拉一拉，比较它们的纤维有什么区别。

学生对比观察蚕丝和棉花，发现蚕丝的优点，如图 4-10 所示。

图 4-10 学生通过实验探索蚕丝的利用与价值

分解驱动问题五：生命的伟大与永恒

1. 回顾养蚕过程，交流养蚕感受

引出话题：我们的祖先早在 5000 年前就已开始养蚕，你知道为什么这么辛苦还要养蚕吗？

2. 调查养蚕历史，了解丝绸文化

学生观看视频，了解我国养蚕的悠久历史、丝绸之路的由来及其意义。

3. 介绍航天养蚕，展望未来科技

介绍：天宫二号空间实验室“太空养蚕”实验。

4. 讨论问题

蚕虽弱小、生命短暂，但它伟大、永恒，这一说法体现在哪里？假如你是一只蚕，你将怎样度过这一生？学生交流自己的感受。

学生展示项目成果如图 4-11 所示。

图 4-11　学生展示项目成果

二、调查研究类项目与案例

【案例 1】从一粒种子的研究开始

2024 年 4 月，学校开展了一场别开生面的春耕节活动。虽然在师生们数月的精心养护下，校园农场焕发出盎然生机，但高年级学生在参观低年级学生种植的花生田时，还是敏锐地发现了成片的“缺苗”现象。这一现象激发了学生的探究热情——“如何才能科学种植花生？”带着这个疑问，六年级师生开展了“从一粒种子的研究开始”项目，项目案例框架如图 4-12 所示。

<table>
<tr><td>主题任务</td><td colspan="8">从一粒种子的研究开始</td></tr>
<tr><td>育人目标</td><td colspan="8">依托项目式学习，通过搜集资料、分析问题、追踪实践、收集数据，了解花生的种植过程，从而优化花生出苗情况；在实验过程中，发展科学思维及科学探究能力；同时在种植实践中体验劳动的快乐与艰辛，感受大自然的魅力。</td></tr>
<tr><td>核心问题</td><td colspan="8">如何指导低年级学生种植好花生？</td></tr>
<tr><td>分解驱动问题</td><td>看到这个现象，你们有什么问题？</td><td colspan="2">学校花生出苗不佳的原因可能是什么？</td><td colspan="3">如何通过实验找到影响它的因素？</td><td colspan="2">如何指导低年级学生种植花生？</td></tr>
<tr><td>活动支架</td><td>头脑风暴梳理问题</td><td>问卷调查分析学校花生种植的问题</td><td>查找资料了解花生种植的正确步骤</td><td>学习如何设计三个变量的对比实验</td><td>做实验收集数据</td><td>学习分析出苗情况的方法</td><td>学习撰写说明书</td><td>学习指导种植花生的方法</td></tr>
<tr><td>学习评价</td><td>小小问题设计师评价</td><td colspan="2">小小调查员评价</td><td colspan="2">小小实验员评价</td><td>小小分析师评价</td><td colspan="2">小小指导员评价</td></tr>
<tr><td rowspan="2">产品</td><td>研究计划表</td><td colspan="2">影响因素思维导图</td><td>追踪实验单</td><td>花生实验田</td><td>研究海报</td><td colspan="2">花生种植说明</td></tr>
<tr><td colspan="8">“出苗率高”的花生种植园</td></tr>
</table>

图 4-12 “从一粒种子的研究开始”项目案例框架

分解驱动问题一：看到这个现象，你们有什么问题？

1. 基于学校花生地缺苗的现象，提出核心驱动问题

核心驱动问题：如何指导低年级学生种植好花生？

2. 探究分析，分解核心驱动问题

（1）引导学生思考，要想解决这个问题，有哪些困难或问题。

（2）学生头脑风暴，梳理面临的困难和问题，并制定研究计划表。

分解驱动问题二：学校花生出苗不佳的原因可能是什么？

1. 通过调研和查找资料了解原因

（1）调研分析

学生经历设计问卷、实际调研、分析问卷的过程，发现花生出苗不佳的主要原因可能与浇水不当、土壤条件以及人为破坏等因素密切相关。

（2）查找资料

学生通过查找资料了解花生种植的正确步骤。

2. 基于分析，预测影响因素

基于调研结果及资料，结合学校实际情况，学生预测“种子的播种深度、浇水频次、土壤情况”可能是影响花生出苗不佳的主要因素。

分解驱动问题三：如何通过实验找到影响它的因素？

1. 明确研究方法，提出子问题

（1）明确追踪实验的步骤

设计追踪实验单、实施追踪实验、分析实验结果。

（2）学生提出问题

如何设计追踪实验单？如何进行追踪实验？如何分析实验结果？

2. 设计追踪实验单

（1）初次尝试

首先，回顾绿豆发芽的对比实验，然后初步尝试。学生在交流中发现：在设定影响因素的数据时，多个变量同时发生变动，实验失去对比的基础，从而无法准确验证影响因素。随后提出“如何能使实验科学、可行？”这一问题。

（2）再次设计

深入交流后，学生认为应将影响因素用具体数据来描述，共同制定一套“标准数据”；设置一个“标准班”作为对照组，每班设置一个影响因素的数据且其要与“标准班”不同。这样的设计使得每个班都能对自己研究的影响因素进行更深入的探索。最终的追踪实验单如图 4-13 所示。

（3）完善设计

小组成员先确定本组研究内容，再设计表头：实验小组名称、花生种子总数、出苗数量等，同时加入管理过程、完善小组分工等。

（4）布置任务

准备种植材料和工具。

	标准数据	标准班 1班	2班	3班	4班
播种深度	4~5cm 7~8cm	4~5cm	4~5cm	7~8cm	4~5cm
浇水频次	2天/次 500mL 4天/次 500mL	2天/次 500mL	2天/次 500mL	2天/次 500mL	4天/次 500mL 4
土壤情况	土 土沙肥	土沙肥	土	土沙肥	土沙肥

图 4-13 最终的追踪实验单

3. 实践种植

4. 分析实验数据（以研究“浇水频次”影响因素的小组为例）

（1）收集数据，整理数据

（2）寻找方法，分析数据

全班交流反馈解决问题的方法，选择合适的方法解决问题。

引导学生用“联想”和“举反例”的方法，认识到仅用一个量来描述出苗情况是不合理的；通过自学数学书中关于百分数的内容，尝试用分数、百分数解决问题，在对比中感受用两个量的倍数关系描述出苗情况更合适。

（3）分析数据，提出建议

学生通过数据分析与反思获得关键认知。

变量控制决定数据可信度：发现某组“四天浇一次水”出苗率显著偏高后，通过对比操作细节发现这组学生是用温水浇的花生，意识到变量未统一，由此理解“标准化实验流程”对科学结论的必要性。

科学方法优化数据精度：针对同一条件下组间数据差异，学生提出计算平均值或重复实验两种方法，形成“通过数据处理减少偶然误差”思维。学生通过问题溯源、方法改进及结论推导，找到“观察现象—分析矛盾—验证猜想”的科学探究路径，最终结合数据提出浇水频次建议。

5. 绘制研究海报

（1）交流分享，完善认识

各组同步分析播种深度、土壤情况并提出建议。学生将研究成果绘制成海报（如图 4-14 所示），互相交流、学习、深化对三个影响因素的系统认识。

图 4-14　研究成果绘制成的海报

（2）提出建议，发现新问题

学生建议：种子出苗期，浇水频次为 2 天一次；使用土、沙、肥混合的土更好；播种深度 6~7 厘米与播种深度 3~4 厘米对花生出苗情况影响不大。

提出新问题：同样的影响因素出苗率为什么也不一样？种植间隔对出苗率是否有影响？

分解驱动问题四：如何指导低年级学生种植花生？

1. 讨论并撰写花生种植说明书内容

2. 学习方法，亲手制作花生种植说明书

学生在语文课上学习《小台灯》这篇文章后，分组研讨花生种植说明书内容框架，梳理种植步骤的逻辑顺序。为增强可读性，采用图文结合形式（如图 4-15 所示）更适合低年级学生理解。课上完成核心内容撰写，并基于实践数据在土壤情况、种植深度、浇水频次等方面补充科学建议，课下进一步完善细节。

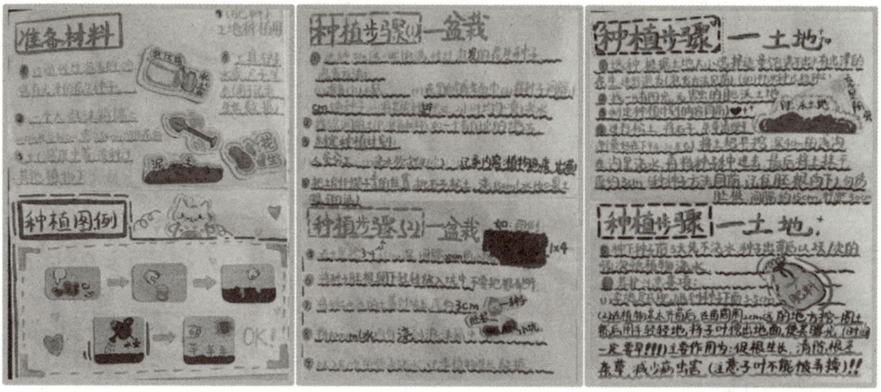

图 4-15　花生种植说明书

新起点，再出发：本项目学习暂告一段落，待春季将研究成果投入实验，并组织学生带领学弟学妹开展花生种植实践活动，在体验农耕的过程中系统记录各环节数据，为后续研究奠定基础。科研需持续迭代优化，未来数年学生将持续追踪分析种植数据，逐步将花生园打造为兼具科研价值与教育意义的校园景观。

【案例 2】尽享美好“食”光

丰台一小本校区每天有 2000 多名学生在校就餐，学生观察到，各个年级、班级都存在着不同程度的浪费现象，这与学校“六小”奖章中“环保小卫士”所倡导的“零米粒”理念大相径庭。虽然学校也进行过很多与“惜粮”相关的教育，但浪费现象还是难以杜绝，到底是什么原因导致大家做不到“零米粒”呢？为了让学生对“惜粮”问题有更加深入的理解，培养学生全面认识问题、分析问题，运用多种方法解决实际问题的能力，学校开展了“尽享美好‘食’光”项目，项目案例框架如图 4-16 所示。

主题任务	尽享美好“食”光		
育人目标	通过本项目分析校园粮食浪费现象的原因，了解节粮的重要性，找到节粮好办法。学会合理搭配食物，培养健康饮食、节粮意识，形成爱自己、爱自然、懂珍惜的良好品质。提升调查分析、移情思维、动手实践、沟通合作等综合素养。		
核心问题	如何让学生成为“零米粒”小达人		
分解驱动问题	如何提高学生的节粮意识？	如何通过优化餐具助力节粮？	如何丰富学生的膳食营养知识？
活动支架	“节粮意识”调查表	餐具调查分析表	“膳食营养知识知多少”调查表
学习评价	“小小调查员”奖章；“点子达人”奖章	“小小调查员”奖章；“点子达人”奖章	“小小调查员”奖章；“点子达人”奖章
产品	“节粮意识”调查表	餐具调查分析表	“膳食营养知识知多少”调查表
	节粮宣传海报；“农作物生长我助力”活动方案、板报设计；一周食谱；节粮餐垫；节粮饭盒		

图 4-16 “尽享美好‘食’光”项目案例框架

本项目对核心驱动问题的分解以《跨学科的项目化学习：“4+1”课程实践手册》一书中提到的，实践原型分为组合、递进、冲突三种原型为理论支撑。本项目采用“组合型”方式分解核心驱动问题，特点是：以真实问题为起点，将跨领域、跨学科的问题分解为同领域（学科）内独立、并列的子问题，整合各领域（学科）的成果。子问题解析如图 4-17 所示。

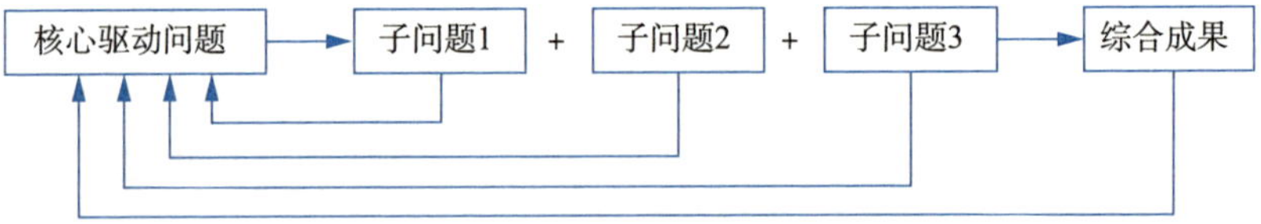

图 4-17 子问题解析

在本项目的起始阶段，教师带领学生讨论午餐剩饭现象的原因。学生依据初步的观察结果，结合自身的经验，详细列举了造成午餐剩饭的原因。教师带领学生进行分析、归类，最终形成了节粮意识、用餐器具、膳食营养三个不同领域内的子问题。

分解驱动问题一：如何提高学生的节粮意识？

1. 开展调查

借助“节粮意识”调查表，对班级学生进行调查，了解学生对节粮的认识。对以下问题进行分析：“你觉得世界上还有缺粮的国家或地区吗？请举例”“我们不缺粮，还用节粮吗？”“你能做到‘零米粒’吗？”“你能完整说出一种粮食的生长周期吗？”。统计并分析出学生在节粮意识方面的薄弱之处。

2. 设计方案

分析调查结果，结合学生节粮意识的薄弱点和问题点，设计解决方案。

分析调查表内容发现以下现象：第一，尽管学生在课堂上已经学习过节约粮食的重要性，并认识到浪费是不好的行为，然而在实际生活中却难以做到知行合一。造成这种现象的原因多种多样，如认为浪费一点粮食无伤大雅、个人口味偏好导致的挑食、食物过敏等。第二，大部分学生不知道粮食的生长周期。第三，大部分学生不了解哪些国家处于缺粮的状态。

3. 制作产品

结合其他小组对调查结果的分析，设计迭代方案，制作产品，展示产品（如图 4–18 所示）。

“农作物成长我助力”模拟种植赛

节粮餐垫设计

图 4–18 部分项目成果展示

分解驱动问题二：如何通过优化餐具助力节粮？

1. 调查分析

调查分析造成浪费的原因，征求学生的改进意见，进行统计汇总。

本次调查 35 人，就餐方式为由食堂分装到饭盒内后送进班里，项目调查结果统计如表 4-1 所示。

表 4-1　项目调查结果统计

选项	餐具与节粮有关系	饭盒盛饭盛得太多，饭吃不了	饭盒盛饭盛得少，饭不够吃，再盛两次饭又多了	饭盒不好看，没食欲
人数	16 人	10 人	5 人	4 人

2. 设计产品

分析调查结果，进行餐具的改造设计（如表 4-2 所示），分析设计产品的作用。

3. 制作产品

结合其他小组对调查结果的分析，设计迭代方案，制作产品。

表 4-2　饭盒改造设计种类统计

序号	产品	作用	示例
1	设计大、小饭盒，饭盒外用不同的图案装饰	按照自己的食量取饭盒；用好看的图案增加趣味性；提醒大家珍惜粮食	
2	卡通饭盒（女生心形，男生机器人形）	增加趣味性，提升食欲；也可以分出大小份；增加饭盒出气口，避免饭菜里有过多水蒸气	  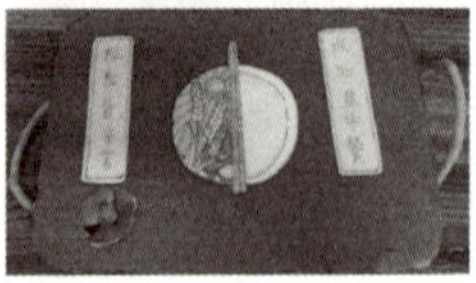

续表

序号	产品	作用	示例
3	AI 智能饭盒	饭盒的标签上有每个人的身高、体重、口味等信息。通过扫描标签上方的二维码可以个性化分发食物	

分解驱动问题三：如何丰富学生的膳食营养知识？

1. 调查分析

借助“膳食营养知识知多少”调查表，从“什么是健康饮食”“健康饮食与减少浪费有关吗”等问题掌握学生对膳食营养的了解情况。调查结果显示，学生在膳食营养方面的认知存在明显不足，他们往往仅凭个人口味偏好来选择食物，而忽视了膳食的合理搭配与营养的均衡摄入的重要性。这种认知上的不足在一定程度上加剧了浪费食物现象。

2. 制订方案

分析调查结果，讨论、制订丰富膳食营养知识的方案。

3. 制作产品

结合其他小组对调查结果的分析，设计迭代方案，制作产品。

三、创意设计类项目与案例

【案例 1】以玩会友　玩出名堂

丰台一小与新加坡湖滨小学这一友好校一直保持定期交流，经常开展系列主题活动。其中，“童年乐趣分享”活动备受期待。在策划该活动时，学校希望找一个独特的切入点。想到中国传统玩具不仅是儿时玩伴，更承载着丰富的文化与童年欢乐，能很好地契合活动目标，于是“以玩会友　玩出名堂”项目应运而生，项目案例框架如图 4-19 所示。通过该项目，既能让两校学生深入交流，感受不同文化下的童年乐趣，也能培养学生的多元能力与文化自信。

主题任务	以玩会友　玩出名堂			
育人目标	以项目式学习为载体，学生通过了解传统文化，推广中国传统玩具，提升多学科技能，培养批判性思维与跨文化交流能力，增强文化自信，成长为具备综合素养的复合型人才。			
核心问题	作为玩具推广者，如何向新加坡湖滨小学的学生宣传和推广中国传统玩具，以丰富其童年生活？			
分解驱动问题	如何高效完成宣传手册的制作？	如何根据反馈对宣传手册进行优化？	如何有效推广宣传手册及传统玩具？	
活动支架	围绕学习活动搜集、提取、整合各阶段相关材料	借助跨学科知识和相关材料，合作探索解决问题的具体方法	撰写活动计划、实施方案，通过讨论、专题演讲等发表自己的观点	
学习评价	宣传手册初稿评价	宣传手册迭代优化评价	传统玩具交流推广活动评价	
产品	传统玩具宣传手册初稿	迭代优化后的传统玩具宣传手册	活动策划方案	反馈调查问卷
	《古韵玩具坊——中国传统玩具的匠心与童趣》宣传手册			

图 4-19　“以玩会友　玩出名堂”项目案例框架

分解驱动问题一：如何高效完成宣传手册的制作？

1. 背景介绍

详细介绍项目背景，明确推广目的。学生通过讨论达成共识，决定制作《古韵玩具坊——中国传统玩具的匠心与童趣》宣传手册（如图 4-20 所示），向新加坡湖滨小学学生推广中国传统玩具。

图 4-20　宣传手册页面展示

2. 收集资料

提供多渠道资料搜集途径，包括图书馆书籍索引、线上文化数据库、民俗博物馆官网等，引导学生自主收集传统玩具的相关资料。同时，鼓励学生利用社交媒体和视频平台，了解新加坡湖滨小学学生的兴趣和喜好。

3. 筛选玩具

组织学生分组研讨，结合新加坡湖滨小学学生的兴趣和文化背景，根据文化契合度、趣味性、可操作性等标准，筛选出适合推广的 10 种中国传统玩具：竹节人、拨浪鼓、风筝、滚铁环、空竹、陀螺、九连环、兔爷、竹蜻蜓、投壶。

4. 制订计划

各小组确定研究玩具后，制订详细的研究计划，明确组内成员在资料深入挖掘、玩具特点分析、文化内涵探究等方面的分工，合理安排任务进度。同时，鼓励学生制定时间表，确保项目按时完成。

5. 范例分析，板块策划

展示优秀的宣传手册范例，学生进行小组讨论，结合推广需求，确定宣传手册的基础板块（如“制作指南”“玩中趣事”等）及特色板块（如“文化故事”“玩具背后的历史”等）。鼓励学生创新，设计互动性强的板块，如二维码链接视频教程等。

6. 找准策略，学习应用

借助六年级语文上册三单元《竹节人》一课，通过自主阅读，小组交流、分享，梳理出细读段落和细读方法。教师指导反馈，总结出高效阅读的攻略（如图 4-21 所示）：在阅读文章时，要带着阅读目的，通过浏览、跳读，从大量的材料中确定细读内容；细读时，也要根据阅读目的，选择恰当的、适合自己的阅读方法，高效完成学习任务，并将方法应用于与其他传统玩具相关的资料阅读与研究中。

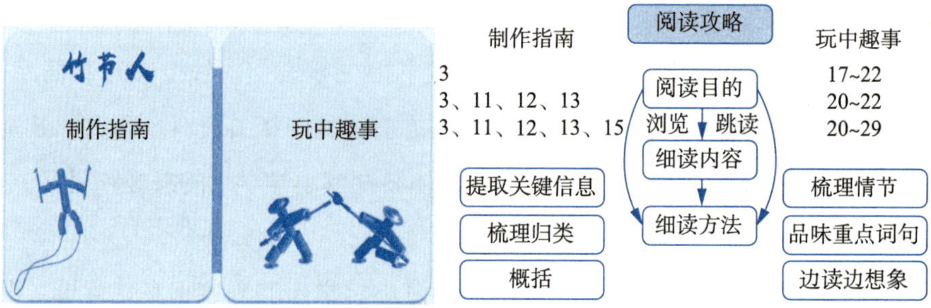

图 4-21　阅读攻略示例

7. 小组制作，交流分享

各小组依据阅读成果，分工撰写内容、绘制插图、设计排版，制作手册初稿。鼓励学生使用数字化工具进行设计和排版，提升手册的视觉效果。小组间定期交流分享，借鉴经验，巧妙融入新加坡创意元素，完善宣传手册初稿。

8. 教师指导，成果优化

对各小组完成的初稿，教师从内容准确性、创意新颖性、排版美观性等方面提出指导建议。学生依据建议优化手册，提升质量。同时，鼓励学生进行多次迭代，确保手册内容的完善。

分解驱动问题二：如何根据反馈对宣传手册进行优化？

1. 评价量规制定与展示

师生共同制定宣传手册评价量规，涵盖内容丰富度、形式吸引力、文化传递效果等指标。学生展示宣传手册初稿，依据量规进行小组间评价。同时，引入其他年级教师、学生的评价，增加反馈的多样性。

2. 反馈收集与整理

学生在评价过程中，收集其他小组提出的修改建议，使用图表对反馈信息进行分类整理，并提炼关键问题与优化方向。

3. 跨学科融合优化

结合美术学科的色彩搭配、构图设计知识，以及信息科技学科的图文编辑技巧，各小组对宣传手册进行整体优化，如调整色彩、改进排版、丰富内容表现形式。同时，引入音乐元素，为宣传手册制作推广曲，学生自主作词，AI 赋能谱曲，增强互动性。

4. 二次优化

组织其他教师、学生再次评价优化后的宣传手册，提出进一步改进意见。小组再次优化，使宣传手册逐渐成为内容丰富、形式多样、趣味十足的作品（如图 4-22 所示）。同时，鼓励学生进行最终的完善，确保宣传手册的易读性和吸引力。

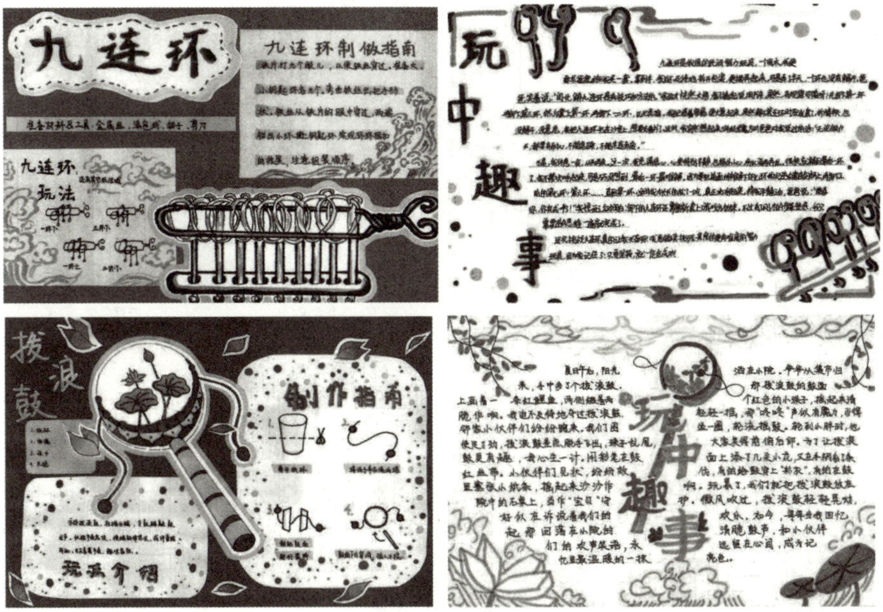

图 4-22 学生作品展示

分解驱动问题三：如何有效推广宣传手册及传统玩具？

1. 文化知识学习

教师提供新加坡文化习俗相关书籍、纪录片、线上课程等学习资源，学生自主学习，了解新加坡节日、礼仪、儿童娱乐习惯等知识。

2. 展示方式策划

学生以小组为单位讨论宣传手册的展示方式，如线上直播、制作短视频、举办线下文化交流活动等。同时，鼓励学生设计互动性强的展示方式，如线上问答、玩具制作比赛等。

3. 活动方案制订

师生综合讨论结果，形成完整可行的活动推广策划案，明确活动流程、人员分工、宣传渠道。同时，制订应急预案，确保活动顺利进行。

4. 推广活动实施

学生通过线上、线下平台，向新加坡湖滨小学学生展示宣传手册，介绍传统玩具的制作与玩法，分享“玩中趣事”。在交流过程中，积极回应新加坡湖滨小学学生的提问，并与其展开互动讨论（如图 4-23 所示）。

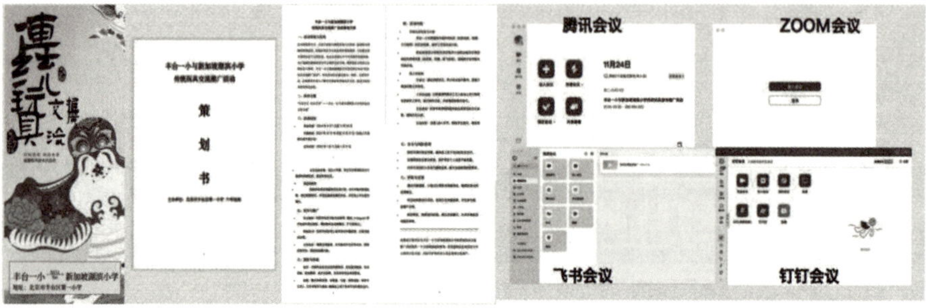

图 4-23　与新加坡学生互动页面展示

5. 活动评价

从策划案执行效果、交流互动质量、文化传播效果等方面，对推广活动进行多维度评价。学生总结经验及收获，为今后类似活动积累经验。同时，鼓励学生撰写活动反思，分享心得体会。

【案例 2】镜中云裳——探索与创新华服设计

华服承载着中国千年文化，针线间绣织中华文明的韵律。近年来，华服走入大众视野，学生在旅行中被其魅力吸引，萌生设计的想法。为激发创意灵感，学校开展华服设计大赛，并启动“镜中云裳——探索与创新华服设计”项目，引导学生研究华服文化、创作纹样与服饰，融合美术、语文、信息科技等学科，在实践中感受华服之美，提升文化自信，项目案例框架如图 4-24 所示。

<table>
<tr><td>主题任务</td><td colspan="11">镜中云裳——探索与创新华服设计</td></tr>
<tr><td>育人目标</td><td colspan="11">通过项目式学习，学生探究华服文化、设计华服作品、创新试衣方式、策划展览和制作文创产品，培养学生的文化理解、艺术表现、创意实践、团队协作和跨学科整合能力，让学生在项目式学习中提升综合素养，增强文化自信和创新意识。</td></tr>
<tr><td>核心问题</td><td colspan="11">如何设计一套人人都能“穿”的华服？</td></tr>
<tr><td>分解驱动问题</td><td colspan="2">华服是什么？传统华服有哪些特点？</td><td colspan="2">如何设计一套具有文化特色的华服？</td><td colspan="3">如何让每个人都能“穿”上华服？</td><td colspan="2">如何策划并呈现一场华服展览？</td><td colspan="2">如何让华服文化走进生活？</td></tr>
<tr><td>活动支架</td><td>书籍、纪录片、数字博物馆</td><td>学习思维导图绘制方法</td><td>华服、纹样案例</td><td>学习数字绘图工具的使用</td><td>提供多样试衣镜</td><td>提供多种绘画颜料</td><td>实验表格</td><td>学习展览空间布局</td><td>讲解员培训</td><td>文创产品案例</td><td>产品设计与制作</td></tr>
<tr><td>学习评价</td><td colspan="2">华服情报站：“华服研究员”评价</td><td colspan="2">设计挑战榜：“华服设计师”评价</td><td colspan="3">魔镜评分册：“魔镜造型师”评价</td><td colspan="2">策展评分表：“展览策划师”评价</td><td colspan="2">文创鉴定卡：“文化传播使者”评价</td></tr>
<tr><td rowspan="2">产品</td><td colspan="2">华服思维导图</td><td colspan="2">华服设计稿</td><td colspan="3">华服镜子画</td><td colspan="2">华服SHOW</td><td colspan="2">华服文创产品</td></tr>
<tr><td colspan="11">华服冰箱贴、癸卯兔纹样抱枕、华服靠垫、纹样团扇、华服钥匙链等</td></tr>
</table>

图 4-24 “镜中云裳——探索与创新华服设计”项目案例框架

分解驱动问题一：华服是什么？传统华服有哪些特点？

1. 我是华服研究员

学生按兴趣分组，选择研究的朝代（如唐、宋、明等），组成“华服研究团队”，小组内分工，明确研究方向。

2. 我是文化解密师

学生查阅资料、观看纪录片，研究华服的形制、色彩、面料、纹样等特点，结合语文学科知识进行资料检索和信息归纳。

3. 我是导图设计师

学生整理研究成果，制作该朝代的华服思维导图，结合美术学科，学习信息可视化表达，并在班级展示研究成果。

分解驱动问题二：如何设计一套具有文化特色的华服？

1. 兔兔纹样大挑战

（1）研究纹样

学生查阅资料，研究不同朝代的经典纹样，如唐代的莲花纹、宋代的缠枝纹、明代的云肩纹等，学生思考如何将纹样与生肖兔元素巧妙融合，展现生肖文化特色。

（2）创意设计

学生运用手绘、剪纸、拓印等方式，探索不同风格的兔兔纹样设计，结合美术学科，优化纹样设计，使其更具美感。

（3）优化调整

学生在小组内展示自己的兔兔纹样设计，交流灵感，并进行调整。通过投票选出最具美感的兔兔纹样，为后续华服设计做好准备。

2. 华服设计大比拼

（1）巧用兔兔纹样

学生思考如何将兔兔纹样合理地运用于华服，使其既具有装饰性，又能展现文化寓意。结合美术学科，学生尝试采用不同的装饰方式，以确保整体风格和谐美观，并对比不同方案，选出最符合华服风格的兔兔装饰方案。

（2）绘制设计草图

学生手绘华服草图，细化纹样布局、色彩搭配等，并在小组内交流优化设计。结合语文学科，撰写设计说明，阐述设计灵感和文化寓意，并在小组讨论中完善细节，使设计更加完整。

（3）数字技术美化

学生使用 Procreate 软件进行数字优化，调整色彩搭配和服装质感，使华服设计更加生动立体。结合信息科技学科，学生学习数字绘图工具的使用，掌握分层绘制、光影渲染等技术，提升作品的精细度和呈现效果，为后续的“镜子华服”制作做好准备。

3. 华服达人评选赛

学生以小组为单位展示最终的华服设计作品（如图 4-25 所示），讲解创作理念，学生从“最具文化特色”“最具创意设计”等角度进行评价，并给出优化建议，帮助小组进一步完善华服设计方案。

图 4-25 学生的华服设计作品

分解驱动问题三：如何让每个人都能“穿”上华服？

1. 头脑风暴会

（1）华服变装出难题

学生讨论，发现传统华服定制存在如下问题。

问题一：价格昂贵。

问题二：制作周期长。

问题三：尺寸固定，不能适应所有人。

（2）奇思妙想找答案

方案一：虚拟试衣（技术复杂，对设备要求高）。

方案二：投影展示（互动性低，无法真实模拟服饰质感）。

方案三：镜子画（最终采用）——在镜面上绘制华服，观众站在镜子前即可“穿上”设计的华服，让试衣体验更加直观、沉浸。

2. 魔镜实验室

（1）魔法颜料大比拼

学生可选择丙烯颜料、油性马克笔、玻璃画颜料、喷雾涂料等材料，结合科学实验，分析色彩饱和度、透明度、附着力，寻找既能画得清晰又具有较强稳定性的媒材，使镜子画既鲜艳又具有层次感。

（2）试衣角度大揭秘

学生结合摄影学科，研究如何调整拍摄角度、站位和距离，使镜子画的试衣效果最佳。通过不同高度和拍摄方向的测试，优化镜子摆放方式，让每位观众都能获得最佳试衣体验。

3. 妙笔绘云裳

（1）团队分工

绘制组：学生根据华服设计图，结合美术学科，在镜子上画出华服，调整色彩、布局。

拍摄组：学生研究最佳拍摄角度与距离，调整镜子位置，使服饰与人物完美融合。

互动组：学生结合语文学科，设计试衣引导语，优化参观者的互动方式，提高趣味性。

（2）画笔点睛

学生先用水溶性马克笔勾勒服饰轮廓，选择合适的颜料逐步上色，使服饰在镜面上呈现最佳效果。

4. 华服试衣间

学生轮流站在镜前拍摄“试穿照”（如图 4–26 所示），观察华服在不同拍摄角度与距离下的呈现效果，结合摄影知识，调整站位，使试衣效果最佳，为最终展览做调整，让每个人都能感受到华服的魅力。

分解驱动问题四：如何策划并呈现一场华服展览？

1. 策展小队集结

学生组成策展团队，团队成员分工合作，确定展览主题、区域划分和观展路线。

2. 布置华服展厅

学生规划了“华服溯源馆”“华服设计馆”“镜子魔法试衣间”等展区，优化展品陈列、灯光氛围和参观路线，让展览更具沉浸感和互动性。

3. 华服小讲解员

学生编写解说词，轮流讲解华服历史、设计理念和制作过程等。

图 4-26 学生在镜前试穿华服

分解驱动问题五：如何让华服文化走进生活？

1. 变身创意好物

学生将设计的纹样、服装制作成团扇、靠垫、抱枕、冰箱贴、钥匙链等文创产品。

2. 分享文化好礼

学生将文创产品作为跨校交流和国际交流的礼物，让传统文化焕发新生（如图 4-27 所示）。

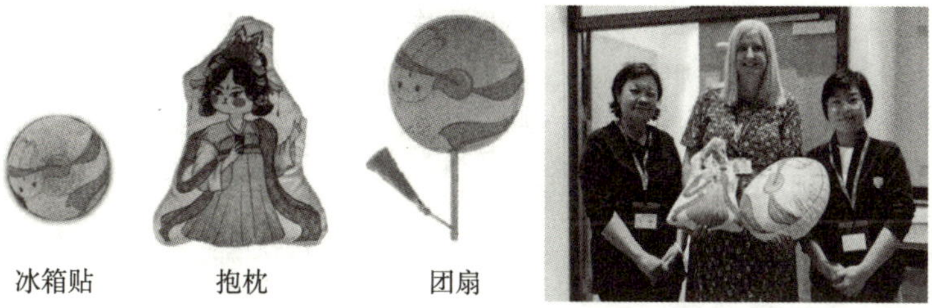

图 4-27 学生将创作的文创作品赠送给国际友人

四、社会参与类项目与案例

【案例 1】探究周边社区人口老龄化是否严重

一次交流中，学生谈到学校所在的社区小公园内经常能看到很多老年人在聊天、运动、散步，他们开始思考社区人口老龄化是否严重。于是，学校开展了“探究周边社区人口老龄化是否严重”的项目，旨在通过一系列的调查、分析，培养学生的数据意识、应用意识、创新意识以及责任担当意识，项目案例框架如图 4-28 所示。

主题任务	探究周边社区人口老龄化是否严重			
育人目标	通过项目式学习的方式，让学生深入了解周边社区的人口老龄化情况，并结合调查的结果提出相应的意见或建议。在这一过程中培养学生的数据意识、应用意识和创新意识以及责任担当意识。			
核心问题	如何为社区人口老龄化问题提供切实可行的建议？			
分解驱动问题	什么是人口老龄化？	如何收集和分析社区人口数据？	如何判断社区人口老龄化是否严重？	可以从哪些具体方面为社区人口老龄化问题提出针对性建议？
活动支架	查阅人口老龄化的标准	学习数据的收集、整理、表达、分析的方法	结合数据分析的结果作出判断	针对社区老年人的需求做调查
学习评价	信息查阅评价	数据意识评价	结果判断评价	应用意识评价
产品	人口老龄化标准	统计图	判断结果	合理化建议
	《关于人口老龄化问题给居委会的建议书》			

图 4-28 “探究周边社区人口老龄化是否严重”项目案例框架

分解驱动问题一：什么是人口老龄化？

1. 社区老年人的数量很多吗？

学生通过观察在社区公园活动的人群，发现大部分都是老年人，猜测社区老年人的数量较多。

2. 什么是人口老龄化？

观看不同行业代表对人口老龄化的看法的视频，初步了解人口老龄化，并明确人口老龄化的标准：国际上一般将一个国家或地区 65 岁及以上人口占总人口比例达到 7%（60 岁及以上达到 10%）作为进入人口老龄化社会的标志。

分解驱动问题二：如何收集和分析社区人口数据？

1. 哪些渠道可以获取社区人口的数据？

通过交流明确要保证数据来源真实有效，就不能随意从网页中获取数据，要从居委会、公安局、国家统计局等官方渠道获取。

2. 如何筛选和整理与人口老龄化相关的数据？

为了对数据进行分析，选取社区近十年老年人口和总人口的数量。同时选取北京市的数据对比分析。通过统计图或统计表整理数据。

3. 如何利用图表分析数据？

通过对学生绘制的统计图（如图 4-29 所示）进行对比分析，发现复式折线统计图在描述数据的变化趋势上更有优势。引导学生从对单一的某个点的数据的读取到对两个点数据之间关联的读取，再到将这些点连成线，对数据变化趋势的读取。学生能够从数据本身、数据之间的关联以及数据的发展趋势等不同层次对数据进行分析。

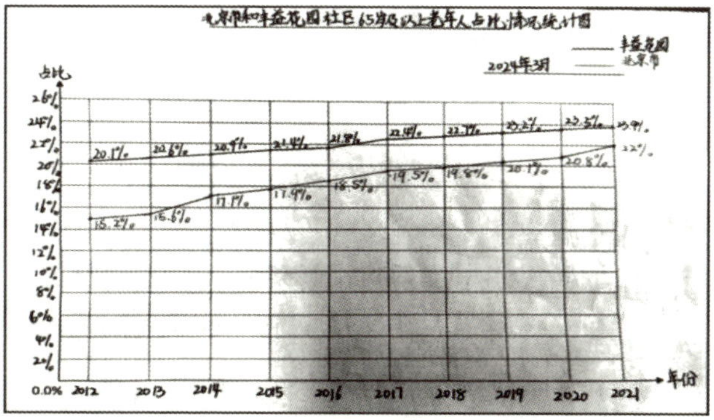

图 4-29　学生制作完成的统计图

分解驱动问题三：如何判断社区人口老龄化是否严重？

1. 如何判断社区人口老龄化的程度？

结合之前查阅的标准，有学生发现社区从 2012 年到 2021 年 65 岁及以上人口占总人口的比例都高于国际规定的 7% 这个标准，于是认为人口老龄化严重。也有学生将社区的数据和北京市的数据做对比分析，发现社区每一年的数据都比北京市的数据高，因此认为人口老龄化严重。还有学生通过数据的上升趋势判断社区人口老龄化严重。学生从不同角度对数据进行分析并作出判断。

2. 如此严重的人口老龄化问题，可能带来哪些问题或影响？

学生从养老、就业、子女负担、社会保障体系、国家发展等不同方面发表自己的想法。

分解驱动问题四：可以从哪些具体方面为社区人口老龄化问题提出针对性建议？

1. 作为少先队员，面对社区人口老龄化的问题，我们可以做些什么？

学生提到可以做一些陪老年人下棋、聊天，给老年人捶背、捏肩等力所能及的事情。

2. 我们做不到的事情，可以怎么办？

学生想到可以向居委会提出建议，借助官方力量。

3. 如何提出满足老年人需求的建议？

学生认为应该对老年人的需求进行调研，并结合调研结果作出分析，进而有针对性地给居委会提出建议。

4. 如何让建议书更具有可读性？

学生提到要运用他们所学的关于数据分析的知识，让数据说话，使建议书更有说服力。同时，要对建议书做一些美化设计，使它更具可读性。

新问题的提出与解决使学生自觉地迁移运用“提出问题—调查研究—数据分析—合理决策”的研究方法，这提高了学生的问题意识，培养了学生的数据意识，发展了学生的应用意识，增强了学生面对真实社会问题、做力所能及事情的责任担当意识。

【案例 2】校园里的“五气”花

在一次校园植物调研活动中，学生提出丰台一小本校区植物种类较少，开花的植物更少，且只在春季开放。有学生提议针对以上问题开展校园种植活动，让校园四季有花、处处有景。同时，有老师提出，丰台区提出的“五气”（大气、硬气、锐气、和气、雅气）精神是重要的文化理念，建议通过在校园里种植和养护具有象征意义的花卉（牡丹、菊花、梅花、荷花、茉莉），将“五气”精神具象化，并在校园中进行展示和传播，让学生在实践中深刻理解和传承这一精神。由此，学校开展了“校园里的‘五气’花”项目，项目案例框架如图 4-30 所示。

<table>
<tr><td>主题任务</td><td colspan="8">校园里的“五气”花</td></tr>
<tr><td>育人目标</td><td colspan="8">了解“五气”精神的内涵，以及对应花卉（牡丹、菊花、梅花、荷花、茉莉）的生长习性和养护方法。提高学生的观察能力、动手能力和创新思维。培养学生的团队协作能力、问题解决能力和科学探究精神。让学生在种植和养护花卉的过程中，深刻理解“五气”精神，增强对校园的归属感和责任感。</td></tr>
<tr><td>核心问题</td><td colspan="8">如何通过花卉养护，将丰台区的“五气”精神具象化地在校园中展示和传播?</td></tr>
<tr><td>分解驱动问题</td><td colspan="2">什么是“五气”精神？每种精神如何与花卉对应?</td><td>如何设计“五气”花种植方案?</td><td>如何种植、养护“五气”花，提高“五气”花成活率?（种植计划、种植步骤）</td><td colspan="2">如何监测与记录花卉生长过程?（养护、诊断、解决种植与养护中遇到的问题）</td><td colspan="2">如何宣传展示和传播?</td></tr>
<tr><td>项目子任务</td><td>任务1：魔法花园的故事</td><td>任务2：认识“五气”花</td><td>任务3：小小花仙子的使命</td><td>任务4：魔法种植仪式</td><td>任务5：花仙子的日常任务</td><td>任务6：解救“生病”的花</td><td>任务7：魔法花园的展览</td><td>任务8：花仙子的表演秀</td></tr>
<tr><td>活动支架</td><td colspan="3">· 范例支架：教师通过PPT展示“五气”精神与花卉的对应关系。
· 图表支架：教师提供分工图表模板。
· 建议支架：教师提供种植计划的模板和注意事项。</td><td colspan="3">· 向导支架：教师提供有关种植步骤的详细指导。
· 图表支架：教师提供养护记录表模板。
· 范例支架：教师提供常见病虫害的解决方案范例。</td><td colspan="2">· 范例支架：教师提供优秀展示方案的范例。
· 向导支架：教师提供表演脚本的模板。
· 评价支架：教师提供评价量表，帮助学生进行自我评价和小组评价。</td></tr>
<tr><td>学习评价</td><td colspan="3">· 自我评价：学生记录自己对“五气”精神的理解程度，撰写简短的个人心得。
· 小组评价：小组成员互相评价对“五气”精神的理解和讨论参与度。
· 教师评价：教师观察小组分工情况，给出建议和反馈。</td><td colspan="3">· 自我评价：学生记录种植过程中的感受和遇到的问题。
· 小组互评：小组成员评价彼此在种植和养护过程中的表现。
· 教师评价：教师根据记录表和花卉生长情况，评价小组的养护效果。</td><td colspan="2">· 自我评价：学生撰写个人项目总结，反思学习过程中的收获和不足。
· 小组评价：小组撰写团队总结，评价团队合作的效果。
· 教师评价：教师根据项目成果和学生表现，给出综合评价。</td></tr>
<tr><td rowspan="2">项目产品</td><td>校园空地平面图</td><td colspan="2">“五气”花种植地图</td><td colspan="2">“五气”花种植手册</td><td>“五气”花养护日志</td><td colspan="2">校园里的“五气”花宣传策划书</td></tr>
<tr><td colspan="8">校园“五气”花文化墙</td></tr>
</table>

图 4-30 “校园里的‘五气’花”项目案例框架

分解驱动问题一：什么是“五气”精神？每种精神如何与花卉对应？

1. 讲述魔法花园的故事

通过故事讲述的方式，介绍“五气”花的奇幻世界，每种花卉都有自己的故事和超能力（比如牡丹代表大气，是花园里的“女王”；梅花代表锐气，是最勇敢的“战士”……）。

2. 认识“五气”花

展示花卉的图片和实物，让学生通过观察和触摸初步了解花卉的特征，认识“五气”花。每组制作一张“花语故事”海报进行展示交流。

3. 小小花仙子的使命

引导学生分组讨论（如图 4-31 所示），为自己的小组选择一种花卉，并领取“花仙子”任务卡，明确自己的使命。

图 4-31　师生共同探讨“五气”精神如何与花卉对应

分解驱动问题二：如何设计“五气”花种植方案？

1. 校园环境我调查

（1）实地勘测

将学生分为若干小组，为每个小组分配不同的任务。同时，学生需要完成校园植物调查表的填写（如图 4-32 所示）。例如，校园植物考察组对校园已有植物进行调查；光照强度组利用专业仪器测量校园不同区域的光照强度；土壤检测组采集土壤样本，分析土壤的酸碱度、肥力等成分。

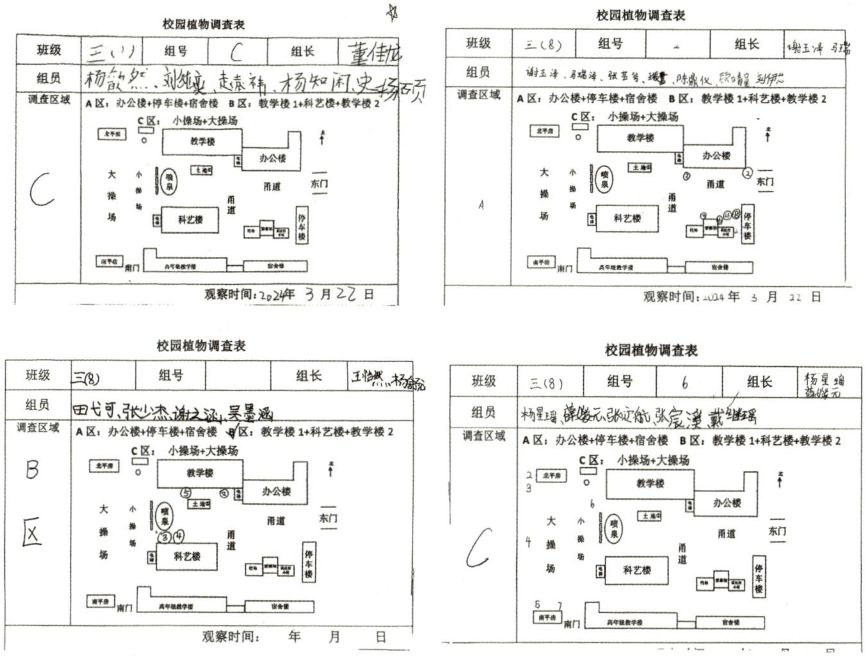

图 4-32 学生填写的校园植物调查表

（2）交流分析

通过交流分析，学生发现沿着校园主轴（甬道），能够开辟四个园区。

（3）划分区域

为了让每块区域种出适合的“五气”花，学生划分了区域（如图 4-33 所示）并依据环境特点取名：礼韵花园——大气、探索花园——硬气、博学花园——锐气、交往花园——和气、文墨花园——雅气。

2.“五气”花期我探究

为了更好地划分种植地和排列“五气”花的顺序，学生进行了一项关于“五气”花期的探究。经过深入探究得出的结论如图 4-34 所示。

这样的规划提高了种植效率，实现了土地资源的最大化利用和植物的健康生长。

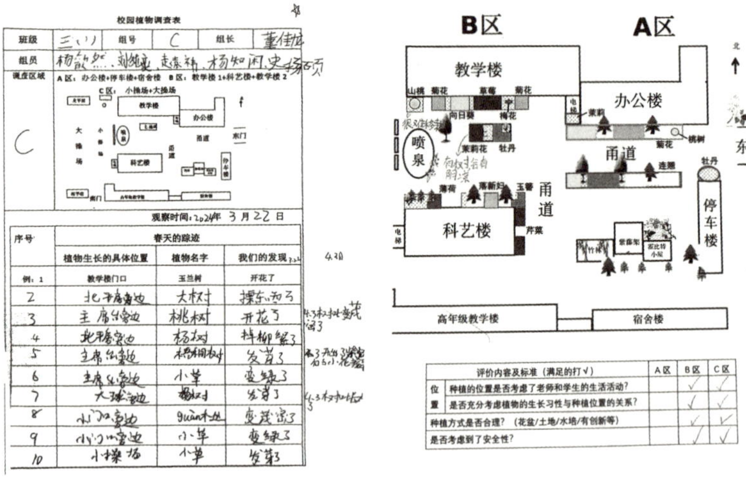

图 4-33　学生根据校园植物调查表划分的园区

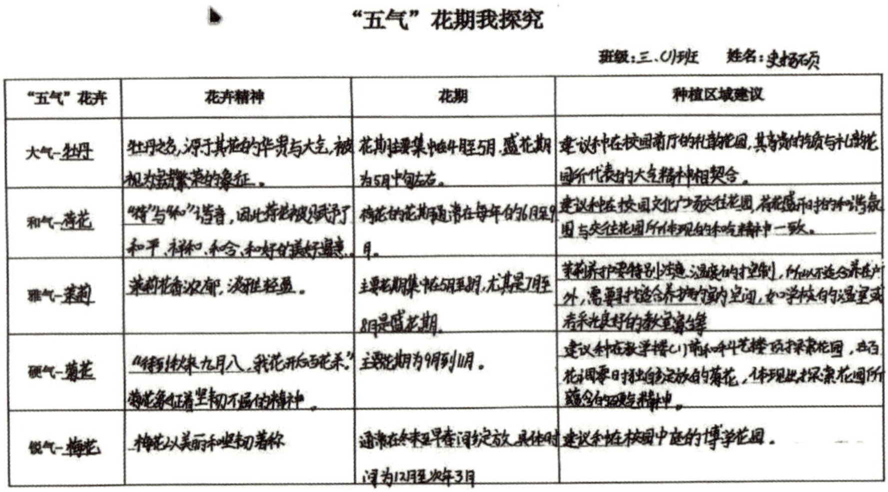

“五气”花期我探究

班级：三（1）班　姓名：史[illegible]

“五气”花卉	花卉精神	花期	种植区域建议
大气-牡丹	牡丹之名，源于其花的华贵与大气，被视为富贵繁荣的象征。	花期主要集中在4月至5月，盛花期为5月中旬左右。	建议种在校园南厅的礼韵花园，其高贵的特质与礼韵花园所代表的大气精神相契合。
和气-荷花	“荷”与“和”谐音，因此荷花被赋予了和平、祥和、和合、和好的美好寓意。	荷花的花期通常在每年的6月至9月。	建议种在校园文化广场交往花园，荷花盛开时的和谐氛围与交往花园所体现的和谐精神一致。
雅气-茉莉	茉莉花香浓郁，淡雅轻盈。	主要花期集中在5月至8月，尤其是7月至8月是盛花期。	茉莉养护要特别注意温度的控制，所以不适合养在户外，需要找适合养护的室内空间，如学校的温室或者采光良好的教室窗台等
硬气-菊花	“待到秋来九月八，我花开后百花杀。”菊花象征着坚韧不屈的精神。	主要花期为9月到11月。	建议种在教学楼（1）前和科艺楼顶的探索花园，在百花凋零时独自绽放的菊花，体现出探索花园所蕴含的顽强精神。
锐气-梅花	梅花以美丽和坚韧著称	通常在冬末至早春间绽放，具体时间为12月至次年3月	建议种在校园中庭的博学花园。

图 4-34　学生得出的探究结论

3.“五气”花种植方案我设计

每组挑选最喜欢的“五气”花制订一份详细的种植方案。方案内容包括种植时间、种植方法、养护计划等，并通过 PPT 或口头汇报的形式进行展示。学校邀请花木公司的专业人员走进校园，对各组种植方案进行指导，对种植区域做进一步规划，形成一轴四园的整体格局（如图 4-35 所示）。

图 4-35　专业人员在校园里指导学生

分解驱动问题三：如何种植、养护“五气”花，提高“五气”花成活率？

1. 种植与养护培训

学校聘请花木公司专家到校为学生讲解植物的生长习性、栽种技巧以及后续的养护方法。

2. 种植与养护体验

（1）学生分组进行种植与养护实践

每组负责一种“五气”花的种植和管理，从播种、移栽到日常的浇水、施肥、修剪等工作都由小组成员共同完成。

（2）学生学习并掌握种植与养护花卉的技巧和方法

在实践过程中，学生学习并掌握不同花卉的种植和养护要求，如荷花需要充足的水分，浇水时要保证水位合适；茉莉喜欢光照，但夏季高温时需要适当遮阴等。

分解驱动问题四：如何监测与记录花卉生长过程？

1. 学生每天对“五气”花进行观察和记录

观察和记录内容包括生长状况（如发芽、长叶、开花的时间和形态变化）、养护措施（浇水、施肥的时间和用量）、遇到的问题及解决方法。例如，牡丹叶子发黄，通过查阅资料和请教专家，发现是因为土壤肥力不足，及时补充肥料后解决了该问题。

2. 定期进行数据整理和分析

形成植物生长报告。每周或每月对记录的数据进行整理，分析花卉生长的趋势和规律，总结种植和养护过程中的经验教训，为后续的花卉养护提供参考。以荷花为例：

（1）文图描述

夏天天气炎热，学生发现荷叶从外向内变干，很着急（如图 4-36 所示）。

图 4-36　学生在校园中观察荷叶

（2）原因分析

荷花缸里的水位不够，是太阳暴晒后缸内水温过高所致。

（3）方法对策

一是换深缸，多加水；二是变换荷花缸的位置（如图 4-37 所示）。

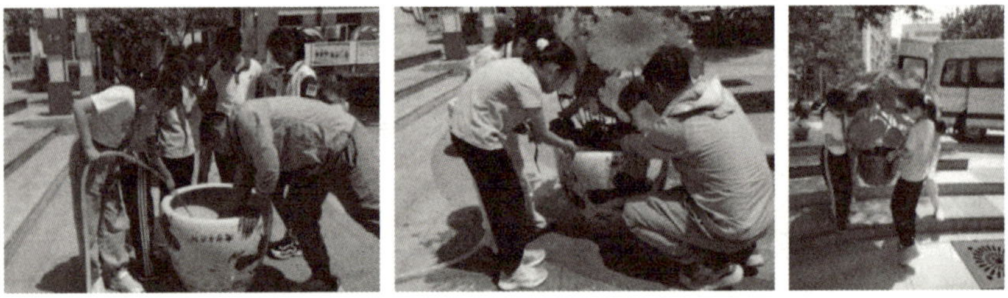

图 4-37　师生共同解决荷花缸里水位不够的问题

分解驱动问题五：如何宣传展示和传播？

1. 魔法花园的展览

以“魔法花园的展览”为主题，学生通过制作展板、海报和实物展示，向大家介绍“五气”花的生长历程。其中，展板和海报上展示花卉各个生长阶段的图片，以及学生在种植和养护花卉过程中的照片和心得体会，同时详细阐述“五气”精神与花卉的联系。

2. 花仙子的表演秀

以“花仙子的表演秀”为主题，学生通过诗歌朗诵、歌曲演唱、舞蹈表演或小短剧的形式，展示“五气”精神。

五、协作游戏类项目与案例

【案例 1】游戏创想家　课间乐趣 +

北京市教委于2024年8月发布了课间优化政策，延长课间至15分钟。开学后，三年级学生留意到刚入学的一年级学生因不熟悉校园规则、缺少合适的游戏选择，课间时常处于无所适从的状态，甚至出现了打闹现象，于是他们开始思考“如何利用学校现有空间为一年级学生设计有益的课间游戏”这一问题。为培养学生将跨学科知识应用于解决实际问题，增强学生的校园归属感与主人翁意识，学校开展了“游戏创想家　课间乐趣 +”项目，项目案例框架如图 4-38 所示。

<table>
<tr><td>主题任务</td><td colspan="13">游戏创想家　课间乐趣+</td></tr>
<tr><td>育人目标</td><td colspan="13">以为一年级设计课间游戏为载体，通过项目式学习引导学生在“调研—设计—实践—迭代”等实践活动中，将跨学科知识转化为解决实际问题的能力。提升创新素养与合作素养，让学生在服务校园的过程中增强归属感，完成向责任担当者的蜕变。</td></tr>
<tr><td>核心问题</td><td colspan="13">如何利用学校现有空间为一年级学生设计有益的课间游戏?</td></tr>
<tr><td>分解驱动问题</td><td colspan="4">学校可供一年级学生做课间游戏的空间有什么特点？如何合理地规划这些空间?</td><td colspan="4">可以在这些空间设计什么游戏?</td><td colspan="2">如何将游戏设计稿转化为现实?</td><td colspan="3">如何为一年级学生展示推广我们设计的游戏?</td></tr>
<tr><td>活动支架</td><td>实地考察</td><td>学习访谈调查法</td><td>学习测量工具的使用</td><td>了解空间规划报告要素</td><td>学习线上搜集资料技巧</td><td>学习绘画设计稿</td><td>用户意见征集</td><td>学习简化语言方法，了解公平挑战原则</td><td>学习评估材料方法</td><td>学习美化设计作品</td><td>了解发布会流程</td><td>学习撰写示范讲解稿</td><td>学习攻略手册制作方法</td></tr>
<tr><td>学习评价</td><td colspan="4">空间规划报告评价表</td><td colspan="4">游戏设计师评价</td><td colspan="2">游戏制作师评价</td><td colspan="3">游戏成果汇报评价量规</td></tr>
<tr><td rowspan="2">产品</td><td colspan="4">游戏空间规划报告</td><td colspan="4">游戏设计图</td><td colspan="2">游戏实物</td><td colspan="3">校园游戏发布会</td></tr>
<tr><td colspan="13">《小豆包校园游戏探宝攻略》</td></tr>
</table>

图 4-38 “游戏创想家　课间乐趣 +”项目案例框架

分解驱动问题一：学校可供一年级学生做课间游戏的空间有什么特点？如何合理地规划这些空间？

1. 实地考察分析学校内可供一年级学生使用的课间游戏空间

通过实地考察，学生发现：学校内可供一年级使用的课间游戏空间分为四部分：班级内空间、一层活动角空间、教学楼南门外空间和教学楼东门外空间。

2. 调研一年级游戏空间特点及问题

学生分组调研学校游戏空间的特点、问题和一年级学生对游戏空间的需求，依据测量知识选择合适的工具确定游戏空间大小并撰写游戏空间分析报告。

3. 设计改善方案

依据空间分析报告，利用拼图法，针对特定区域因地制宜地设计改善方案（如图 4-39 所示）。

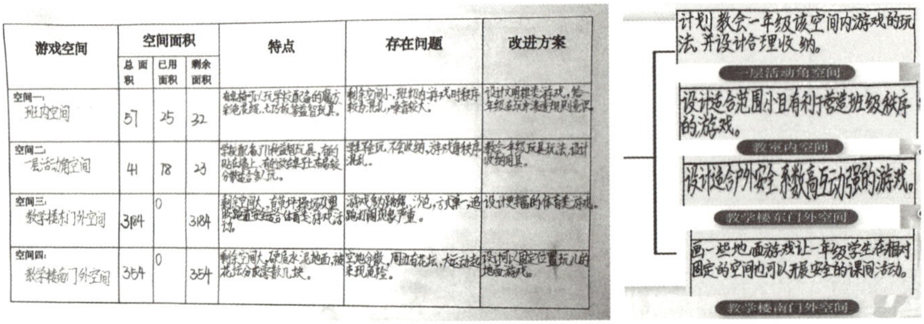

图 4-39 学生利用拼图法设计的改善方案

4. 评估游戏空间规划报告

利用报告评价表评估游戏空间规划报告，结合评估结果改进空间规划并分享。

分解驱动问题二：可以在这些空间设计什么游戏？

1. 搜集游戏设计参考资料

（1）学习线上搜集资料技巧

为解决搜集到的游戏种类单一问题，学生学习利用网络搜集资料的技巧，搜集到许多创新有趣的游戏设计方案。

（2）筛选整理可供参考的游戏

为了结合学校现有空间特点选择合适的游戏进行参考，学生根据前期的空间规划报告对所找到的可供参考的游戏进行了分类与筛选。

2. 着手进行游戏设计

（1）探究游戏规则的撰写

学生最初设计的规则复杂而冗长，在发现低年级试玩者理解困难后，他们自主开展规则优化，最终将游戏规则修改得简单易懂且极具公平性。

（2）征求意见与完善游戏

①游戏设计稿建议征集

为完善游戏设计，学生制作了调研问卷，围绕游戏的趣味性、安全性、难易度以及是否融入学科知识等方面，面向一年级学生和教师代表进行调研。

②游戏设计调整与完善

基于前期调研，学生设计了一款体育 + 智育类的游戏“我是计算小能手”（如图 4-40 所示）。

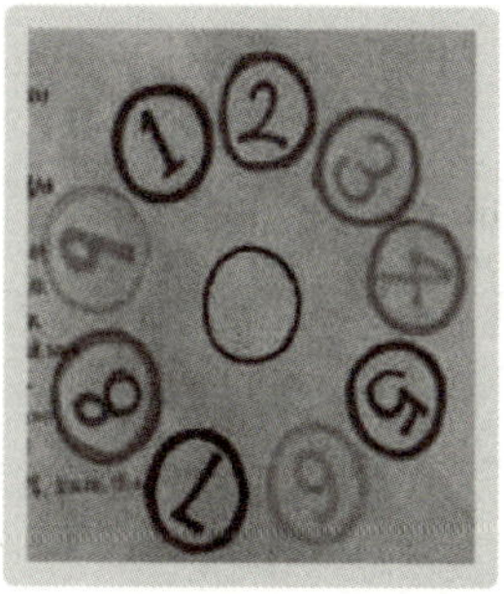

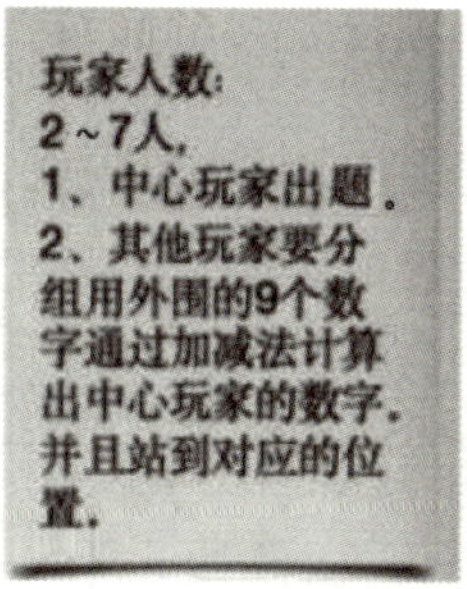

图 4-40 学生制作的游戏设计图

试玩后，为了让游戏对一年级学生更具挑战性，项目组的学生又创新了新玩法，如“中间的玩家在每回合游戏开始时，可以随机选择一个数字不可用”。

此外，学生还设计了多款游戏，创新研发三大类课间游戏体系（如图

4-41 所示）。学科融合类：拼音蹦蹦乐（语文）、数学迷宫等；德育引导类：校园文明棋（规则认知）、膳食营养棋等；策略博弈类：羊和狼等。

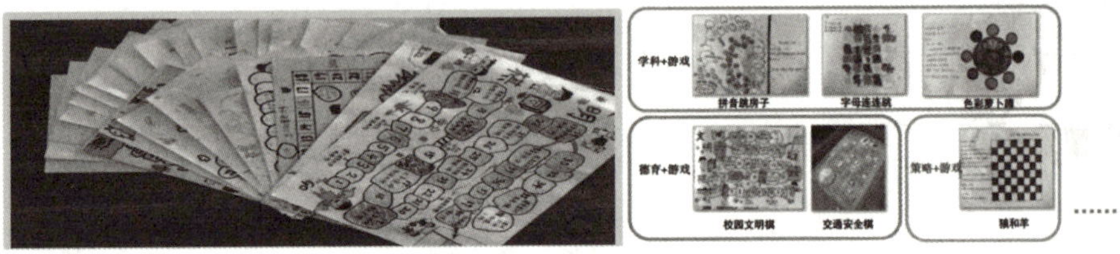

图 4-41　学生设计的课间游戏

分解驱动问题三：如何将游戏设计稿转化为现实？

1. 设计试玩版游戏

为了更好地确认材料的实用性和场地规划，学生设计了游戏试玩版，比如用粉笔在地面上画地面游戏，并邀请一年级学生进行试玩，根据反馈对设计方案进行调整。

2. 评估筛选材料

以地面游戏为例，学生在涂料筛选中进行了多轮测试，最终锁定环保速干水性地坪漆——既满足场地抗损需求，又可定期更新图案，用科学的决策践行可持续发展理念。学生填写的地面游戏彩绘颜料评估与筛选表如图 4-42 所示。

地面游戏彩绘颜料评估与筛选

颜料名称	是否环保	使用效果	保存时间	清除方式	单价	预估总价	最终选择
粉笔	是	色彩淡	无法保存	清水擦拭	10	100	试玩
水彩颜料	是	色彩暗无覆盖力	无法保存	清水擦拭	10	200	
水粉颜料	是	色彩不易涂匀	短时间	清水擦拭	15	300	
丙烯笔	是	面积小，不易涂匀	短时间	酒精清洁	30	成本过高	
丙烯颜料	是	色彩不易涂匀	短时间	酒精清洁	15	300	
油性油漆	否	效果优	长时间	无法去除	30	480	
水性油漆	是	效果最优	时间最优	高压水枪	32	256	正式

图 4-42　学生填写的地面游戏彩绘颜料评估与筛选表

3. 将蓝图转化为现实

学生通过比价议价优化采购方案，在校方支持下将方案落地，在实践中锤炼成本管控与协作能力。

分解驱动问题四：如何为一年级学生展示推广我们设计的游戏？

1. 策划校园游戏发布会

学生分成海报邀请卡制作组、示范组、《小豆包校园游戏探宝攻略》制作组完成展示前准备。

2. 发布会过程中的意外收获

在游戏试玩过程中，学生又发现了不少问题，他们迅速调整措施对游戏进行更新迭代。在后续的游戏过程中，相信他们会像这样不断地发现、分析、解决问题，通过循环迭代，逐步升级和完善项目。

【案例 2】耐力素质游戏开发

耐力素质是学生日常生活和学习中必不可少的基本素质，是学校体育课程关注的重要内容。在开展活动过程中，学生发现每次为提升耐力素质进行练习时，有些学生感觉枯燥乏味，出现了抵触心理、畏惧表现和逃避现象，克服困难的意志品质有待进一步加强。学生发现这些问题后思考，怎样设计一款让学生都能积极参加的耐力游戏，营造轻松愉快的氛围，以寓教于乐的方式逐渐提升学生的耐力素质呢？为提升学生的耐力素质，使他们克服畏难情绪，积极参与锻炼，激发他们对体育运动的热情和兴趣，培养他们积极向上的生活态度和健康的生活方式，学校开展了“耐力素质游戏开发”项目，项目案例框架如图 4-43 所示。

分解驱动问题一：什么是耐力素质？对我们的身心有什么益处？

1. 核心问题引出

学生通过探究、自主学习，明确耐力素质概念及开发耐力素质游戏的目的与意义；观看耐力相关视频（如马拉松比赛、足球比赛等）或讲述耐力相关故事；总结耐力素质的定义以及耐力素质对学生生活和学习的帮助，最终引出核心问题。

2. 多角度分析

学生从生活角度、课程角度、社会角度进行分析。通过 PPT 演示文稿讲解耐力素质的定义、分类，以及较高耐力素质对健康的重要性。

主题任务	耐力素质游戏开发			
育人目标	通过项目式学习，引导学生了解耐力素质的定义、意义和作用，理解耐力素质对身体健康的重要性。完成耐力素质游戏的开发设计。勇于创新、敢于挑战、善于解决问题，提升体育核心素养和综合素质。			
核心问题	如何为学校学生设计一款受欢迎的耐力素质游戏？			
分解驱动问题	什么是耐力素质？对我们的身心有什么益处？	哪些游戏可以提升耐力素质？耐力素质的衡量标准与测量心率的方法是什么？	如何设计一款既有趣又能有效提升耐力素质的游戏？	如何推广和介绍我们设计的游戏？
活动支架	搜寻资料；分析报告；完成小组分工合作表	搜寻耐力素质游戏案例；搜寻耐力素质标准；学会测量方法	头脑风暴；更新迭代；模拟展示	提供框架技巧；完成反馈表；搭建展示平台
学习评价	耐力游戏合作与分工任务单	耐力游戏项目计划表、“心率”测量记录表	耐力游戏设计评价表	耐力游戏展示评价表点赞榜
产品	随堂手记（分析报告）任务单	纸质、电子游戏任务单	耐力游戏设计方案PPT演示文稿	海报现场活动或游戏视频
	《耐力素质游戏集》			

图 4-43 “耐力素质游戏开发”项目案例框架

结合生活实例（如跑步、游泳、骑自行车等），帮助学生理解耐力素质的内涵。小组讨论，完成任务单。

分解驱动问题二：哪些游戏可以提升耐力素质？耐力素质的衡量标准与测量心率的方法是什么？

1. 案例研究

学生课下搜寻、课上讲解经典的耐力游戏案例（如跳绳、接力跑、障碍赛、踢毽子等），通过视频或图片展示这些游戏的玩法，激发学生的兴趣，让学生对耐力游戏有初步的感性认识。了解设计游戏时遵循的原则，通过小组合作探究完成部分任务清单。

2. 掌握方法

让学生知道耐力素质提升的衡量标准，掌握测量心率的方法并记录（如图 4-44 所示）。

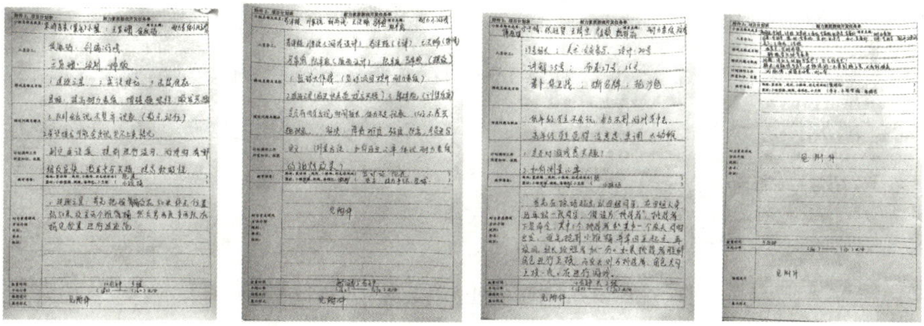

图 4-44　学生记录单

3. 成果分享与互动，让学生全面了解耐力游戏特点

每组派代表分享分析结果，其他小组提问或补充意见；对每组的表现进行点评，总结耐力游戏特点，如规则简单易懂、需持续身体活动、有趣味性和挑战性、可多人参与且能够促进团队合作等。

分解驱动问题三：如何设计一款既有趣又能有效提升耐力素质的游戏？

1. 头脑风暴，激发创意

通过头脑风暴激发学生的创造力。询问学生心目中耐力游戏的样子，是否兼具锻炼性、趣味性、创新性。将创意点子记录在“记录表”中，并小组讨论整理思路、提出创意。

2. 小组合作设计游戏

每组根据头脑风暴的结果，选择一个创意点子进行深入设计。每组派一名代表展示本组的游戏设计方案（展示视频如图 4-45 所示），教师对设计方案进行点评，提出改进建议。

图 4-45　展示视频

3. 教学延伸

测试和优化耐力游戏，确保它适用于校园。撰写调查问卷对学生和教师开展调研，调研内容包括学生是否喜欢，是否有学生根据反馈意见更新迭代、进一步完善游戏设计方案等。

4. 跨学科整合

与语文课、美术课结合，让学生撰写游戏设计的说明文档并绘制游戏场地的设计图。

分解驱动问题四：如何推广和介绍我们设计的游戏？

1. 学生回顾上节课学习的耐力游戏案例及其特点

学习展示技巧并播放优秀展示视频，展示结构要点，用生动语言吸引听众注意力。通过提问、演示等方式与听众互动。利用道具增强展示效果。

2. 通过小组合作，完成展示内容的准备

确定展示的结构和重点内容。制作 PPT、视频或准备实物道具。设计提问、演示或游戏体验环节。教师巡视指导，帮助学生解决内容准备中的问题。展示内容如图 4-46 所示。

图 4-46　展示内容

3. 模拟展示，互相评价

每组进行模拟展示（如图 4-47 所示），其他组扮演听众，提出改进建议。每组根据反馈的建议进一步完善展示内容。

图 4-47 每组进行模拟展示

4. 通过“六一”活动，推广设计的耐力游戏

展示结束后，借助“六一”活动这一平台推广耐力游戏，游戏参与者可以提出问题或分享感受，参与点赞活动。

六、数字化项目类项目与案例

【案例 1】智能闹钟助眠床

丰台一小本校区一直以来鼓励学生发现日常学习和生活中的问题，并尝试用科学的方法解决问题。学生经过前期的问卷调查，发现各种原因导致学生睡眠时间不足，晚上睡不着、早上起不来让很多学生很苦恼，于是经过头脑风暴，他们打算开发一款有助眠和叫醒功能的智能床来解决该问题。恰逢学校创新科技节准备召开学生创新作品发布会，学校鼓励并支持项目组进行研究，期待项目能够培养学生的创新思维和团队合作能力、学科整合能力，未来能够切实有效地解决学生的实际问题。由此，学校开展了“智能闹钟助眠床”项目，项目案例框架如图 4-48 所示。

分解驱动问题一：如何通过调研明确用户核心需求？

1. 学习调研方法

2. 学习问卷设计与访谈技巧

掌握数据整理工具，如 Excel、问卷星等。

主题任务	智能闹钟助眠床				
育人目标	以智能闹钟助眠床设计为载体，引导学生思考智能家居技术在改善睡眠质量、提升生活品质中的社会价值，激发“用技术解决真实问题”的创新意识。熟悉产品设计的全流程，培养跨学科整合能力，增强团队协作意识与创新思维，理解科技服务生活的设计逻辑。				
核心问题	如何解决起床困难的问题？				
分解驱动问题	如何通过调研明确用户核心需求？	如何选择硬件搭建功能模拟模型？	如何通过编程实现基础功能逻辑？	如何通过测试优化模型可靠性？	如何通过模型展示验证设计价值？
活动支架	需求调研方法	硬件功能模拟	Mixly编程基础	3D建模与打印 用户测试设计	模型展示策划
学习评价	“需求分析师”评价	“模型设计师”评价	“功能调试员”评价	“测试记录员”评价	“展示策划师”评价
产品	需求分析报告	模型设计图	编程代码	产品模型	演示视频
	《“智能闹钟助眠床”研究报告》				

图 4-48　“智能闹钟助眠床”项目案例框架

3. 实地调研与分析

目标群体：针对学生、上班族设计问卷，统计传统闹钟设计痛点（如“65% 受访者认为传统闹钟唤醒方式粗暴”）。

竞品分析：研究市售智能床功能，总结用户核心需求：柔和唤醒、睡眠辅助、操作直观。

4. 形成需求文档

绘制功能演示图（如图 4-49 所示），撰写需求优先级表，确定模型三大核心功能：语音控制、按摩叫醒、香薰助眠。

分解驱动问题二：如何选择硬件搭建功能模拟模型？

1. 硬件选型与功能模拟

主控模块：选用 ESP32 开发板（支持基础编程与传感器连接）；传感器：压力传感器（模拟用户在床）；执行模块：舵机（模拟床板震动）、LED 灯（模拟香薰喷雾）。

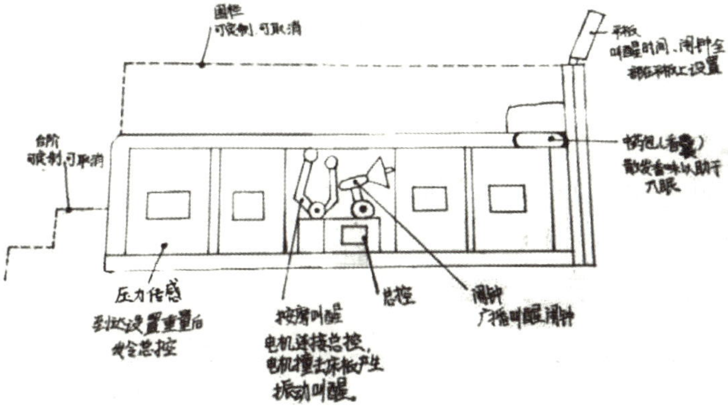

图 4-49 功能演示图

2. 模型外观设计

（1）使用 Tinkercad 软件设计床头柜模型，预留硬件安装位，3D 打印 1 ： 10 缩比模型。

（2）标注功能区域：贴纸标明“语音交互区”“震动触发区”。

3. 功能模拟验证

通过 Mixly 编写基础逻辑程序（如“语音指令—舵机震动 +LED 闪烁”）。

4. 完成模型设计图

学生绘制的模型设计图如图 4-50 所示。

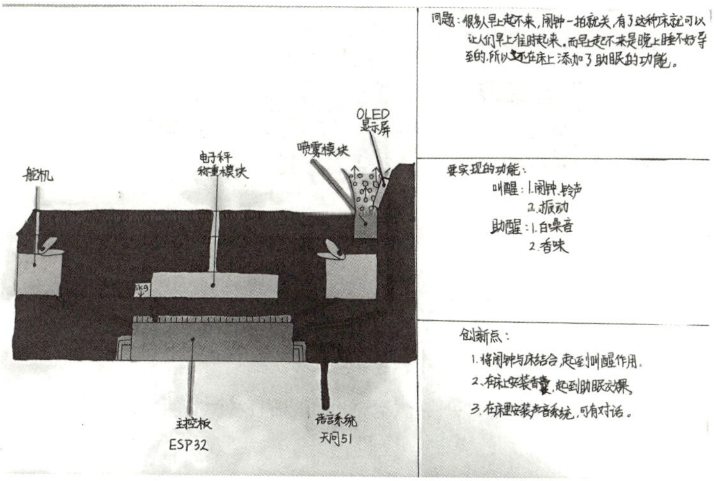

图 4-50 学生绘制的模型设计图

分解驱动问题三：如何通过编程实现基础功能逻辑？

1. 编程逻辑设计

（1）语音交互

设计简单对话脚本（如“晚上好，开启助眠模式”），通过天问五幺语音模块实现指令识别。

（2）防误触机制

设置延时响应（如“5 秒内未确认则关闭指令”）。

2. 模型搭建与调试

设计简易电路连接图（如语音模块—ESP32—舵机 /LED），使用面包板进行原型组装。

分组实践：调试传感器灵敏度（如压力传感器触发阈值为≥ 250 克）。

部分编程代码如图 4-51 所示。

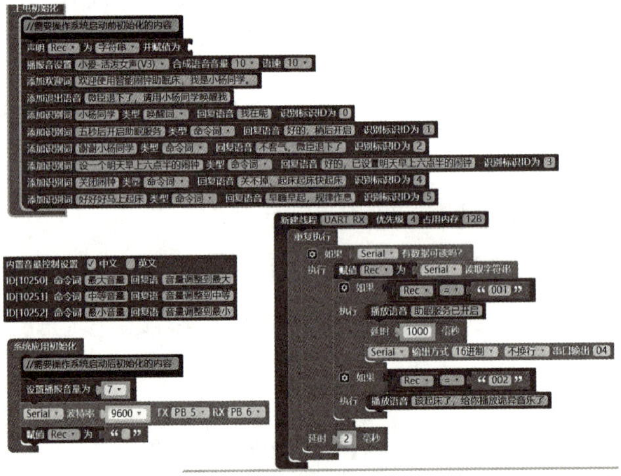

图 4-51　部分编程代码

分解驱动问题四：如何通过测试优化模型可靠性？

1. 功能稳定性测试

连续运行 6 小时，记录硬件状态（如舵机运行次数≥ 1000 次为合格）。

2. 模拟特殊条件

特殊环境下测试 ESP32 是否死机。

3. 用户反馈迭代

收集试用反馈（如“LED 模拟香薰效果不直观”），改用小型雾化器模块（成本增加 10 元）。

4. 场景模拟测试

邀请 5 名学生体验模型，记录操作问题（如“语音识别距离≤ 1 米”），优化程序响应逻辑。

5. 优化程序

增加“唤醒成功”提示音（蜂鸣器短鸣）。

6. 形成模型文档

完成研究日志，撰写研究论文。

叫醒、助眠功能模块如图 4–52 所示。

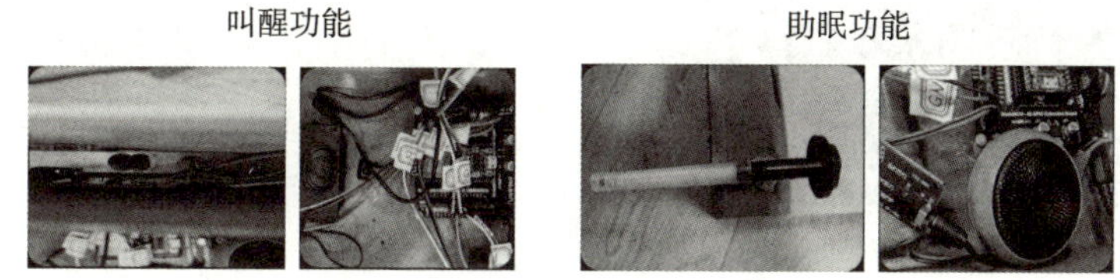

图 4–52　叫醒、助眠功能模块

分解驱动问题五：如何通过模型展示验证设计价值？

1. 展示方案设计

（1）展示形式

制作展板（功能原理图、用户需求分析）、现场演示模型（播放功能测试视频）。

（2）互动设计

设置体验区，观众可通过语音指令触发模型功能。

2. 社会价值验证

在学校创新科技节展示模型，收集观众反馈（如“83% 的观看者认为产品很有创意”）。

3. 项目总结与反思

进行项目总结，分析模型设计优缺点（如“成本控制成功，但外观需美化”），提出下一步改进计划（如“加入蓝牙模块实现手机控制”）。

4. “智能闹钟助眠床”研究报告

通过项目实践，学生从“技术探索者”进阶为“模型设计师”，掌握了需求分析、硬件模拟、功能调试等核心技能，并深刻体会到“设计服务于需求”的理念。项目成果（如图 4-53 所示）获校级科技展览“最佳创意奖”，为后续产品化开发奠定了基础。

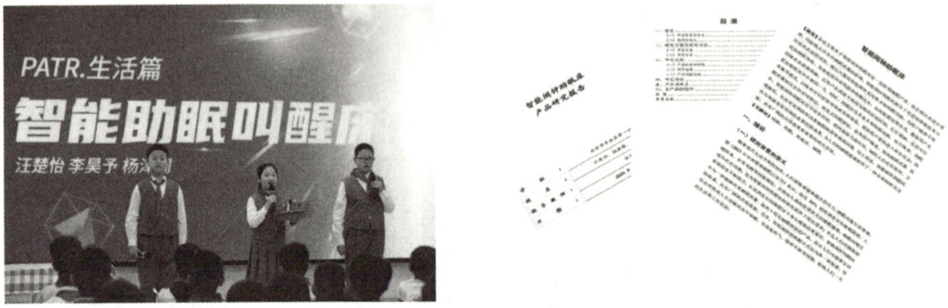

图 4-53 部分项目成果展示

【案例 2】校园智能可升降书包柜

丰台一小一直倡导激发学生的创新意识、培养科学的创新思维及提高学生的创新能力，而以真实问题为基础的解决问题的过程恰恰能很好地促进学生的创新发展；学生在关注身边生活中的问题时发现了教室的书包存放是个问题，于是学生开始思考“如何借助人工智能，设计并制作一款智能书包柜”来解决这一问题，“校园智能可升降书包柜”项目应运而生，学生在研究的过程中产生了创新意识、学会了团队合作，同时在多次迭代方案过程中提高了创新思维能力，项目案例框架如图 4-54 所示。

主题任务	校园智能可升降书包柜				
育人目标	以校园生活中的实际问题导入，引导学生发现问题并借助信息技术手段解决问题，提升学生解决问题的能力，同时提高学生的合作和实践能力。				
核心问题	如何借助人工智能设计并制作一款便于学生使用的智能书包柜?				
分解驱动问题	学校师生对书包柜的需求有哪些?	利用人工智能的哪种技术?	如何设计书包柜的结构?		
活动支架	师生需求采访统计单	人工智能知识培训	功能列举	方案框架	制作材料及工具
学习评价	考察、访谈结果汇总	人工智能学习单	方案书—设计图		产品模型
产品	智能可升降书包柜				

图 4-54 “校园智能可升降书包柜”项目案例框架

各班通过实地考察发现：平时学生的书包都是放在椅子上，导致每个人的地方都很小，上课的时候坐得很不舒服；如果把书包放在地上，书包很容易把学生绊倒，而且容易被踩脏；上选修课的时候学生都是把书包摆放在楼道里，非常不方便（如图 4-55 所示）。

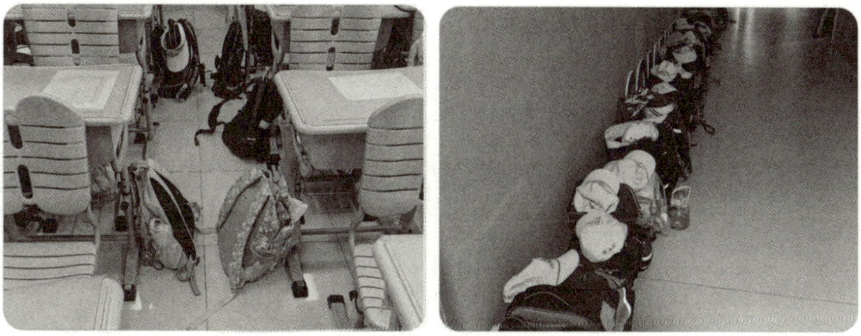

图 4-55 考察发现的问题场景

分解驱动问题一：学校师生对书包柜的需求有哪些?

1. 了解其他学校书包柜的使用

经过调研后发现，目前学校中常用的书包柜格子大多是固定的（如图 4-56 所示），这种造型的书包柜有以下几个问题。

图 4-56　学校中常用的书包柜

第一，学校为了便于小学生使用大多采用三层书包柜，但由于学校空间有限，每个书包柜的空间都比较小，仅能放下一个书包，羽绒服等其他物品放不进去。

第二，最底层的书包柜使用时非常不方便。

第三，参加不同社团的学生存取书包时间有限，还容易拿错放错。

2. 对学校师生进行访谈，了解使用需求

第一，能够方便存取；

第二，具有一定的安全性；

第三，样子独特有新意；

第四，能够消毒。

分解驱动问题二：利用人工智能的哪种技术？

1. 制作模型

利用 3D 打印和激光切割完成产品结构件的制作。

2. 了解硬件

将 ESP32 物联网开发板及配套 IO 扩展板作为本产品的主控板，学习视频识别、舵机控制、步进电机控制、语音识别等知识。

3. 编写程序并测试

通过 Mixly 进行主程序的程序设计、开发语音识别软件。

分解驱动问题三：如何设计书包柜的结构？

1. 方法选择

利用人工智能的软硬件知识设计一款智能书包柜，既能合理利用学校有限的空间，又方便学生使用，还能很好地解决学生发现的问题。

2. 根据需求列举功能

（1）人脸识别技术

在方便学生存取的同时，有效解决了书包拿错放错的问题。

（2）紫外线消毒功能

有学生存入书包后书包柜就会开启紫外线消毒功能。

（3）增加社团模式

在社团模式下，一次可以存取一排书包，大大节省了时间。

（4）增加水杯保温和喝水提醒功能

让学生的书包柜更智能，使学生的身体更健康。

（5）安全保障语音提示

3. 小组讨论，制订初步方案

设想：仿照摩天轮的样子，通过旋转存取书包。

问题：四周和中间不能存放书包，浪费空间，且导致学生等待时间长。

学生分小组讨论制订的初步方案如图 4-57 所示。

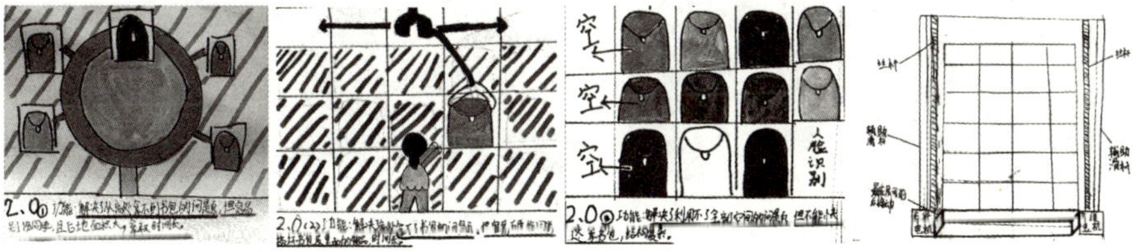

图 4-57　小组讨论制订的初步方案

4. 请教教师，制订二代方案

设想：给传统书包柜增加机械臂，通过机械臂帮助学生抓取书包，这样高处和低处的书包柜都可以使用。

问题：在和技术教师沟通后，发现这款书包柜抓取书包的过程会占用一部分时间，很难控制精准度，而且很容易发生故障，影响使用，金属抓手还容易误伤学生、损坏书包。

5. 确定最终雏形，制订三代方案

设想：仿照学校立体停车场，对人脸进行识别，对应的书包柜就会移动到左边最合适的位置，方便学生存取，最大限度地利用教室或走廊空间。

问题：不能快速存取书包，而且结构复杂，实现起来很难。

6. 最终版本书包柜成型

结构：在三代方案的基础上进行了改进，设计了立体可升降书包柜，最底层书包柜可以前后移动，其他排书包柜可以上下移动。如果存取最上层书包时，最下层书包柜会前移，其他层书包柜会下移一层，学生踩在最底层书包柜上，就可以轻松存取最上层书包。为了保证安全，在书包柜前移时，会提醒学生注意，如果前面有学生，书包柜会停止移动，存取完成后，书包柜会归位。如果要取最底层书包，书包柜会整体上移，方便存取最下层书包柜。

7. 制作产品模型、测试效果

学生制作产品模型并测试效果，如图 4-58 所示。

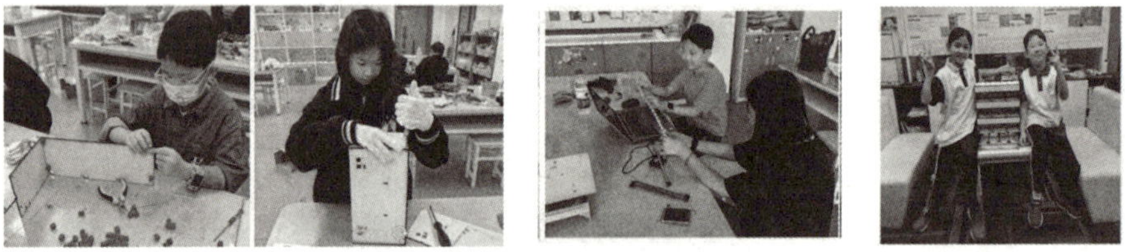

图 4-58　学生制作产品模型并测试效果

第五章

项目式学习的实施策略

一、凸显育人价值导向

（一）体现“立德树人”教育理念

项目式学习的本质是育人价值的实践载体，其全过程需渗透“立德树人”的教育理念。教师作为引导者，应着力帮助学生突破个体认知局限，将学习场域从校园场景向更广阔的社会空间延伸，引导学生在个人成长、家庭关爱、社区关怀、地域文化传承、国家发展战略乃至全球议题的维度中认识项目式学习的价值。这种场域的延伸不是简单的空间的延伸，而是通过认知层级的跃迁，促进学生关键能力、必备品格与价值观念的整体性发展。

（二）实施“三级递进机制”

在实施路径上，场域延伸需要构建三级递进机制。首先，激活学生的在地文化感知力，引导他们发现身边事物与生活所在的区域（如学校、社区、地区）的内在联系；其次，培养学生的社会责任感，将具体问题解决与公共服务意识相结合；最后，形成价值判断力，在更宏大的时代命题中定位个人价值。

以校园花卉种植项目为例，不能仅停留于技术层面的种植技巧传授，而是通过文化解码，帮助学生理解植物选择背后的精神象征意义，将美化校园的初级目标升华为文化传承的教育实践。当学生意识到自身行动与区域文化传播、社区福祉提升之间的关联时，问题解决过程自然转化为价值观塑造的生动课堂。

（三）把握“三个维度”

场域延伸策略的实施关键在于三个维度的把握：在认知维度建立“微观活动实践—中观文化实证—宏观价值实现”的联结通道，在方法维度构建“具身体验—符号解读—意义生成”的学习链条，在价值维度形成“个人成长—文化传承—社会责任”的共生关系。当学生学会用社区视角分析资源分配，用城市发展思维审视环境规划，用国家战略眼光理解生态保护时，其知识建构便超越了技能习得层面，真正实现了核心素养的立体化培育。这种教育转化过程，正是项目式学习发挥育人功能的深层机制。

从立德树人的高度凸显价值观的引领，需要将社会主义核心价值观、中华优秀传统文化、家国情怀等融入项目式学习的全过程。通过真实情境、实践体验、反思内化等方式，帮助学生将价值观内化于心、外化于行，最终实现知识学习与品德培养的有机统一，培养德智体美劳全面发展的社会主义建设者和接班人。

二、动态调整

（一）项目实施变化需要动态调整项目方案

项目式学习的过程是“设计—实践—反思—改进”的循环，而非线性流程。项目方案是项目式学习开展之前教师的设计方案，在项目实施的过程中，随着学生的成长，教师可能会调整项目方案。

在项目实践的过程中，真实项目常伴随着不可控因素。调整方案能让学生体验真实问题解决的复杂性，而非预设“完美剧本”。学生的兴趣、能力、学习节奏各不相同，根据学生的实际参与度、理解水平和反馈，灵活调整任务难度或分工，确保所有学生都能有效参与。

在项目推进过程中，学生也可能提出超出预设的问题或发现新的研究方向。因此，需要及时调整教学策略，支持学生的探索，避免“为了完成项目而强行推进”。同样也会存在学生某方面能力不足以支持项目推进的情况，那么可以适当加强对相关内容的教学，通过以用促学实现学以致用、学用结合，确保项目成为培养协作精神、提升信息素养等的载体，进而使核心素养目标落地。

项目推进中出现矛盾时，如小组分工不均，要调整教学设计，融入社会情感学习，加入团队沟通练习，将冲突转化为学习机会。总之，动态调整能引导学生面对真实挑战，通过反思和策略迭代，强化问题解决能力，培养批判性思维和韧性。

（二）“‘植场’小白成长记”项目实例

在“‘植场’小白成长记”项目中，“植场”小白为了弄清种植的空地有多大，首先复习了测量知识，学习各种测量工具的使用方法和技巧。

此时，学生提出：哪种工具最适合测量空地呢？于是，学生进行了实地考察，思考空地可以用哪些工具测量。通过实地考察，学生总结出了空地面积的大小与使用哪种测量工具进行测量之间的关系。

数据测量完成后，如何计算空地面积又成为新的问题。通过观察发现，有一些形状的面积计算方法学过，比如长方形、正方形，而面对不规则图形，现有知识已无法解决，项目如何推进呢？于是，将进行精准测量调整为把不规则图形转化为学过的规则图形进行估算；对于面积小且具有不规则形状的空地，使用“分块法”进行估算：将该空地划分为几个近似的、有规则形状的小块（长方形、正方形），然后分别测量每个小块的面积，最后将它们加在一起，就得到了整个空地的面积。

学生选择测量工具，协作开展测量如图 5-1 所示；学生绘制的测量示意图如图 5-2 所示。

图 5-1　学生选择测量工具，协作开展测量

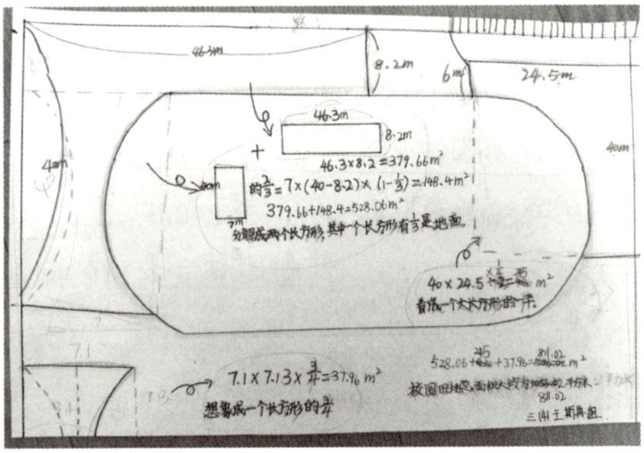

图 5-2　学生绘制的测量示意图

实践表明，成功的项目式学习需要把握“计划性”与“生成性”的动态平衡。教师既要像建筑师般构建稳固的框架，又要如园丁般创造生长的可能。通过建立科学的评估标准、透明的沟通机制，打造弹性的调整空间，在目标达成与创新探索之间找到最佳平衡点，使学习过程既保持方向明确，又充满发现与创造的活力。

三、链接项目与学生实际生活

学校作为微型社会生态系统，其教育价值不仅在于知识传递，更在于为学生创造预演社会生活的实践场域。项目式学习实现了校园实践与社会运行的有机衔接，使学习过程成为社会生活的预演与重构。这种衔接需要实现双重突破：既要打破校园围墙、引入真实社会要素，又要推动学习成果向现实价值转化。

（一）深度嵌入真实情境

有真实情境的深度嵌入（如图 5-3、图 5-4 所示），将社会机构的运行规则、专业标准引入项目设计。例如校园景观规划项目，需对接园林行业的施工规范、成本核算等真实工作流程，而非停留于理想化设计。

图 5-3　学生在园艺师的指导下种植荷花

图 5-4　学生在园艺师的指导下观察植物的根

（二）有效引入社会资源

通过与社会资源双向流动，建立“校社协同”的育人机制。校外实践导师参与指导，学生则通过项目贡献创新方案。例如，在“小服装大创意”项目中，学校请来了中国服装设计师协会执委、中国十佳设计师、米洛时尚创始人孟宪访先生指导师生，助力项目的开展。孟宪访先生从世界品牌服装在我国生产，而设计源自其他国家设计师之手谈起，激发学生的责任担当，随后为学生讲授专业知识。他从中国品牌的影响力、服装面料的选择到设计用纸的运用，引领学生像设计师一样思考，像设计师一样设计服装。

孟宪访先生和教师们一起欣赏学生的作品如图 5-5 所示；小小服装设计师和模特一起走 T 台秀如图 5-6 所示。

图 5-5　孟宪访先生和教师们一起欣赏学生的作品

图 5-6　小小服装设计师和模特一起走 T 台秀

（三）科学建立社会应用机制

建立学习成果的社会应用机制，有助于实践成果的价值转化。当学生的设计方案被实际采纳并转化为校园实体景观时，他们获得的不仅是专业技能的提升，更建立起“学习改变现实”的认知信念。例如，在“丰益花园社区人口老龄化有那么严重吗？”项目中，学生根据老年人人口的占比以及老年人的需求，撰写了给丰益花园社区的建议书并提交到丰益花园居委会（如图 5-7 所示）。其中，设立社区老年人餐桌的建议得到了社区的重视，社区在丰益花园东区、西区分别设立了助老餐桌（如图 5-8 所示）。学生的项目研究成果实现了反哺社会。

图 5-7　学生把建议书交给丰益花园社区党委书记、居委会主任

图 5-8　丰益花园社区助老餐桌

实现项目式学习的社会化转型，需要构建“需求对接—过程协同—成果转化”的完整链路。这既要求教师具备跨界资源整合能力，更需要学校建立开放办学的制度保障。当学习活动真正把准社会发展脉搏，教育便超越了知识传授的单一维度，成为连接现在与未来、个体与社会的价值桥梁。

每次产业变革都带来生产要素的重新配置。在信息技术飞速发展的当代，数字化转型正在打破传统产业边界，催生出智能经济、共享经济等新形态。未来产业发展将呈现更强的跨界融合特征，在学习阶段和项目式学习的进程中，应让学生尽可能多地接触各行各业的人和事，努力突破物理限制和认知边界，在变化中学习应对千变万化的能力，进而将他们培养成能应对复杂挑战的未来公民。

四、实现时间、空间一体化

（一）跨时空学习助推项目应用

项目式学习是一种以学生为中心的学习方式，强调通过真实情境中的项目实践整合知识、技能和跨学科能力。而打通时空一体化策略通过真实问题驱动、资源开放整合和学习过程社会化，帮助学生从“被动接受知识”转向“主动建构意义”，将学科知识、实践活动、社会资源和学生兴趣有机融合，最终实现知识、能力与价值观的全面发展。

“导引课、探究课、展示课和反思课”四种不同课型的课堂学习贯穿项目式学习的全过程，承担着提出核心驱动问题、分解驱动问题、展示学习成果等任务，以进行项目规划、知识输入、阶段性反馈和成果展示为一条主线推动着项目的进程。随着项目的推进，学生要解决不同阶段的问题，他们需要走出课堂、走出教室甚至走出校园去调研；他们需要进行实验、讨论或是制作原型。项目实施过程中，学生以个人或者小组为单位完成任务，这样课内外一体、相互补充、彼此促进，推动项目不断深入。

项目式学习不是仅仅学习书本上的内容，而是因其真实性、复杂性、综合性等特点需要协同利用校内外的资源。学生可能需要利用实验室、图书馆、数字化工具等支持项目研究，也可能会整合博物馆、企业等社会机构资源，还可能会利用自然资源进行实地考察，更可能会利用线上平台进行虚拟实验、与专家连线等，通过多场景学习促进问题的解决，推进项目的实施。对于项目任务，学生既可以利用课堂上的时间完成，也可以利用课后时间以实践性作业的形式完成。

（二）打通时间、空间项目实例

“丰益花园社区人口老龄化有那么严重吗？”项目源自学生发现学校东西两侧的公园中老年人的占比很大，其间恰逢全国两会召开，部分代表提出了人口老龄化的问题。

学生带着课前的这个发现在课堂中提出了“丰益花园社区人口老龄化有那么严重吗”这一问题，课堂上师生共同分解这个核心驱动问题，课下学生展开调研。他们走进丰益花园社区，走进丰益派出所，收集丰益花园近 10 年来人口总数和 65 岁及以上人口的数量；上网查阅北京市近 10 年来人口总数和 65 岁及以上人口的数量。回到课堂上，学生探讨“数据收集到了该怎么办”，完成数据的整理与分析，并作出判断，尽己所能帮助老年人。

学生再次走进社区、走进公园，访谈老年人，了解老年人的需求，最终撰写了“丰益花园社区人口老龄化有那么严重吗？”项目研究报告并送到了社区。该报告得到了社区的重视，其中的建议目前已经得到落实。在这个过程中，不仅完成了对复杂折线统计图的教学，还培养了学生的数据意识、应用意识及责任担当。

就是这样，走出课堂，打通时间、空间，学生在项目式学习活动中获得了素养与能力的提升。

五、推动项目机制从课堂到管理

（一）通过“八大少年学院”实现从课堂到管理的迁移

学生在项目式学习中经历了“提出驱动问题—制订研究方案—实施研究方案—成果展示与反思”的过程，积累了问题解决的经验，能力得到了提升，素养得到了发展。学校就是一个小型社会，每一次学生活动的策划、实施其实都是一个真实的项目。丰台一小将项目式学习模式迁移到学生活动设计管理中，成立了“八大少年学院”，即少年智数经纬学院、少年行知劳动学院、少年博悦健康学院、少年尚美艺术学院、少年国风文化学院、少年奇思科创学院、少年启智润德学院和少年人文外交学院。每个学院都有明确的办学宗旨、口号和组织架构，每个学院都由 1 名院长、4 名部长和 10 名干事组成，每个部门都有明确的职责。“八大少年学院”既要承办学校“每月一节”的大型活动，也会根据学校的要求组织学生设计、参与短周期活动。

（二）“八大少年学院”项目实例

教学楼前栽种的月季花入冬前需要进行一次整体剪枝，以顺利度过冬季，并为第二年的生长和开花做好准备，少年行知劳动学院便设计了为校园月季花剪枝的活动方案，并组织学生完成月季花剪枝（如图 5-9、图 5-10 所示）。

图 5-9　少年行知学院的学生在园林工人的指导下学习使用剪枝工具

图 5-10 学生在为校园里的月季花剪枝

在 2024 年 12 月 13 日南京大屠杀死难者国家公祭日到来之前，少年启智润德学院设计了有意义的主题活动方案，并在国家公祭日组织学生开展相关活动。

在“通过充满趣味性的活动，让学生在轻松愉快的氛围中感受数学的魅力，引导学生运用所学数学知识解决实际问题，提高数学知识迁移能力和应用能力，体会数学在生活中的广泛应用”的目标引领下，少年智数经纬学院以“如何设计并组织一届学生乐于参与且能提高数学观察、分析和表达能力的数学节”为驱动问题，设计了以“‘数’芽破土智慧成林”为主题的数学节活动方案：搜集数学节的信息，梳理数学相关活动框架；通过调研了解学生喜欢的活动内容和形式；运用 AI 生成数学节竞赛题目。

少年智数经纬学院还策划了以发现生活中的数学现象、探索生活中的数学规律和用数学的思维创造生活中的美好等“数”趣生活主题活动，让数学融入日常生活；通过风火轮速算大作战、混天绫 24 点速算争锋赛、乾坤圈数字记忆探秘等团体速算挑战赛，提升学生的计算能力和团队协作能力。

就这样，学生在目标导向下进行自主设计、规划与管理。在每一个活动设计过程中，学生都以“如何组织一个活动”为驱动问题，并将其分解为问题链，明确与之相对应的任务链和阶段成果，设计活动方案并合理分工、协同完成任务，最后进行总结与反思，为活动的迭代做好准备。

以“八大少年学院”为平台，将学生的课堂学习方式拓展延伸到学校的活动管理，为学生提供一个从学校走向社会的桥梁，帮助他们在实践中成长为具有社会责任感和实践能力的未来公民。